日本語教育学の新潮流 12

接触場面における母語話者のコミュニケーション方略
情報やりとり方略の学習に着目して

栁田直美

Japanese native speakers' communication strategies
in contact situations:
Focus on the learning process of the strategies for information sharing

First published 2015
Printed in Japan

All rights reserved
©Naomi Yanagida, 2015

Coco Publishing Co., Ltd.

ISBN 978-4-904595-58-9

目次

序章｜本研究の目的……1

1 コミュニケーションにおける調節……1
2 日本社会の現状と言語的調節……2
3 一般の母語話者が接触経験を通じて学習する言語的調節……3
4 非母語話者との情報やりとりにおける言語的調節……4
5 本研究の目的……5
6 本書の構成と各章の概要……6

第1章｜先行研究と本研究の位置づけ……9

1 接触場面とは……9
2 コミュニケーション・ストラテジーとフォリナー・トーク……9
　2.1 コミュニケーション・ストラテジー……10
　　2.1.1 第二言語習得研究におけるコミュニケーション・ストラテジー……10
　　2.1.2 コミュニケーション・ストラテジーの再定義……12
　2.2 フォリナー・トーク……13
　　2.2.1 社会言語学分野におけるフォリナー・トーク……14
　　2.2.2 第二言語習得研究におけるフォリナー・トーク……14
　2.3 本研究における接触場面の参加者が用いる「コミュニケーション方略」の定義……17

- 3 日本語接触場面における母語話者の
  コミュニケーション方略研究..........18
  - 3.1 第二言語習得分野..........18
  - 3.2 社会言語学・社会心理学分野..........19
  - 3.3 言語管理理論..........20
  - 3.4 共生言語..........21
  - 3.5 やさしい日本語..........22
  - 3.6 本研究における母語話者が用いる
    コミュニケーション方略解明のための基礎的概念..........23
- 4 日本語接触場面における母語話者の
  コミュニケーション方略研究の分析対象..........25
  - 4.1 非母語話者との接触経験が母語話者に及ぼす影響..........25
    - 4.1.1 接触経験が母語話者の
      意識面に及ぼす影響..........25
    - 4.1.2 接触経験が母語話者の
      言語行動面に及ぼす影響..........26
  - 4.2 フォリナー・トークとティーチャー・トーク..........27
  - 4.3 母語話者の役割とコミュニケーションの目的..........28
  - 4.4 本研究の分析の対象..........30
- 5 本章のまとめ..........31

第2章 | 研究方法..........33

- 1 収集するデータ..........33
  - 1.1 日本語教育の経験を持たない母語話者の
    接触経験を考慮したデータ..........34
    - 1.1.1 接触経験の多い母語話者..........35
    - 1.1.2 接触経験の少ない母語話者..........37
    - 1.1.3 非母語話者..........39
  - 1.2 コミュニケーションの目的が明確なデータ..........40
    - 1.2.1 インフォメーションギャップタスクの
      流れ..........40
    - 1.2.2 インフォメーションギャップタスクに
      使用した資料..........41
  - 1.3 母語話者のコミュニケーションにおける
    役割が明確なデータ..........44
  - 1.4 コミュニケーション場面全体の
    言語行動面と意識面を
    関連させて論じるためのデータ..........45

2　データ収録の概要……48
　　2.1　データ収録の流れ……48
　　2.2　調査協力者と作品の組み合わせ……50
3　研究方法……50
　　3.1　分析手法……50
　　　　3.1.1　会話分析と談話分析……50
　　　　3.1.2　本研究で用いる分析手法……51
　　3.2　会話の文字化方法……51
　　3.3　研究の手順と方法……53
　　　　3.3.1　分析の枠組み……53
　　　　3.3.2　情報やり場面と情報とり場面の分析……54
　　　　3.3.3　母語話者の情報やりとり方略の
　　　　　　　学習モデルの構築……55
　　　　3.3.4　母語話者に対する日本語での
　　　　　　　情報やりとり支援に向けた提案……55
　　　　3.3.5　本研究の全体図……56
4　本章のまとめ……57

第3章｜分析の枠組み……59

1　先行研究における発話カテゴリー……59
　　1.1　発話カテゴリー（浦他 1986）……59
　　1.2　一二三（2002）による発話カテゴリーの修正……60
2　本研究における発話カテゴリーの設定……61
　　2.1　発話カテゴリー設定のためのデータと分析方法……61
　　2.2　発話カテゴリー別集計結果……62
　　2.3　「情報の共有」カテゴリーの設定……62
　　　　2.3.1　情報要求（Q：Questions）……63
　　　　2.3.2　情報提供（INF：INFormation）……63
　　　　2.3.3　意味交渉（NM：Negotiation of Meaning）……63
　　　　2.3.4　共有表明（SE）……68
　　2.4　場面別の発話カテゴリーの設定……71
　　2.5　下位カテゴリーの設定：意味交渉……72
　　2.6　本研究における発話カテゴリー……74

- 3 発話カテゴリーの妥当性の検討………81
- 4 接触場面における母語話者の情報やりとりの発話カテゴリー………84
- 5 本章のまとめ………86

第4章｜母語話者の情報やり方略に接触経験が及ぼす影響………87

- 1 母語話者の情報やり方略に関する研究………87
- 2 分析データ………88
- 3 分析の枠組み………88
- 4 データの集計と統計分析の方法………89
- 5 言語行動面の分析………91
  - 5.1 発話機能別発話数の分析………91
  - 5.2 情報提供………92
  - 5.3 非母語話者の理解確認：理解チェック………95
  - 5.4 非母語話者の理解促進：自己発話の修正………95
    - 5.4.1 自己発話の修正の種類………96
    - 5.4.2 自己発話の修正の出現傾向………98
    - 5.4.3 自発的発話修正と要求後発話修正………99
  - 5.5 言語行動面の分析のまとめ………103
- 6 意識面の分析………103
  - 6.1 分析方法………104
  - 6.2 母語話者の意識面の分析………105
  - 6.3 非母語話者の意識面の分析………109
  - 6.4 意識面の分析のまとめ………111
- 7 本章のまとめ………112

第5章 母語話者の情報とり方略に接触経験が及ぼす影響……115

1. 母語話者の情報とり方略に関する研究……115
2. 分析データ……117
3. 分析の枠組み……117
4. 言語行動面の分析……118
    - 4.1 発話機能別発話数の分析……118
    - 4.2 共有表明……119
        - 4.2.1 あいづち……119
        - 4.2.2 非母語話者に対する理解表明……120
    - 4.3 母語話者自身の理解促進:確認チェック……122
    - 4.4 非母語話者に対する援助:共同発話……124
        - 4.4.1 共同発話の定義……124
        - 4.4.2 非母語話者の発話遂行困難表明……124
        - 4.4.3 非母語話者の発話遂行困難表明に対する母語話者の反応の種類……127
        - 4.4.4 非母語話者の発話遂行困難表明に対する母語話者の反応の出現傾向……129
        - 4.4.5 発話遂行困難表明から解決(終結)までのターン数……130
    - 4.5 言語行動面の分析のまとめ……131
5. 意識面の分析……132
    - 5.1 分析方法……132
    - 5.2 母語話者の意識面の分析……133
    - 5.3 非母語話者の意識面の分析……136
    - 5.4 意識面の分析のまとめ……140
6. 本章のまとめ……141

第6章 母語話者の情報やりとり方略の学習モデルの構築……143

1 母語話者の情報やりとり方略の学習モデル……143

2 母語話者の情報やり方略の学習モデルの構築……144
   - 2.1 母語話者が接触経験を通じて学習する情報やり方略と意識……144
   - 2.2 母語話者の情報やり方略の学習モデル……148

3 母語話者の情報とり方略の学習モデルの構築……149
   - 3.1 母語話者が接触経験を通じて学習する情報とり方略と意識……149
   - 3.2 母語話者の情報とり方略の学習モデル……153

4 母語話者の情報やりとり方略の学習モデルの構築……154
   - 4.1 母語話者の情報やりとり方略の学習モデル……154
   - 4.2 母語話者の情報やりとり方略の学習モデル構築の意義……157

5 本章のまとめ……159

第7章 母語話者に対する日本語での情報やりとり支援に向けた提案……161

1 母語話者に対する日本語での情報やりとり支援に向けた提案……161

2 提案①：接触経験の少ない母語話者に対する提案……163
   - 2.1 情報やり場面……163
   - 2.2 情報とり場面……169

3 提案②：接触経験の多い母語話者に対する提案……179
   - 3.1 情報やり場面……179
   - 3.2 情報とり場面……183

4 母語話者に対する日本語での情報やりとり支援に向けた提案……185

5 本章のまとめ……187

終章｜本研究のまとめと今後の展望……189

    1 本研究のまとめ……189
    2 本研究の意義……191
        2.1 母語話者の情報やりとりにおける言語的調節の実態解明……192
        2.2 母語話者の情報やりとり方略の学習モデルの構築……192
        2.3 日本語教育の新たな方向性……193
        2.4 コミュニケーション研究への示唆……193
    3 今後の展望……194

あとがき……197
付記……201
参考文献……203
索引……211

序章　本研究の目的

本章では、本研究の目的を述べ、本研究の構成と各章の概要を説明する。

1 コミュニケーションにおける調節

われわれはコミュニケーションを行う際、あらゆる場面において、常にコミュニケーションの参加者を意識した何らかの調節[1]を行っている（Giles et al 1991）。

友人同士の気楽なおしゃべりと就職試験の面接官に対する話し方は異なるし、小さい子供に何かの仕組みを説明しようとするときと専門的な知識を共有したグループの中で発言するときも話し方は異なっているはずである。また、言語的調節だけでなく、身振りなどを用いて非言語的な調節も行われるし、電話やインターネットを介した非対面でのコミュニケーションなどでも調節は行われる。そして、調節は音声コミュニケーションに限らず、文書でのコミュニケーションにおいても行われる。さらに、調節はコミュニケーションの目的によっても異なる。対人関係を円滑に進めるための調節もあれば、非常時に正確な情報伝達を最優先にする調節もある。

このように、コミュニケーションでは、送り手と受け手である「個人」、当該の場面で使える「メディア」、対人関係や目標などを含めた「状況」など（大坊・磯 2009）を考慮した調節が行われている。つまり、コミュニケーションとは決して一方向的なものではなく、コミュニケーションの当事者である「個人」が送り手や受け手としてのお互いの存在を認識し、親疎関係や会話の目的などの「状況」を考慮しながら、言語や身

振り、音声や文書などの「メディア」を用い、意識的にせよ無意識にせよ、調節を行うことで成り立っているのである。

本研究は、対面で行われる口頭のコミュニケーションにおいて参加者が行う調節の一端を明らかにし、その仕組みの解明を目指すものである。

2 日本社会の現状と言語的調節

コミュニケーションにはさまざまな属性を持つ個人が参加する。友人同士のように対称な関係もあれば、医者と患者のように非対称な関係もあるが、当該のコミュニケーションの当事者という点において、参加者はそれぞれの役割を担う存在である。そして、あらゆるコミュニケーションにおいて、参加者はさまざまな調節を行っている。日本社会における日本人と外国人のコミュニケーションにおいてもそれは同様である。

「言語というものはその言語を使う人がおかれている社会の現実と切りはなして存在できるものではない」(ロメイン1997: 287)。そうであるならば、われわれは、実際の言語の営みであるコミュニケーションを分析する際、社会的な視点も踏まえ、その仕組みを解明する必要がある。では、日本社会における日本人と外国人のコミュニケーションはどのような社会的背景を持っているのだろうか。

法務省統計によれば、日本国内に居住する外国人居住者（在留外国人数）はピーク時に比べ若干減少したものの、2013年時点で206万6,445人と、前年末に比べ3万2,789人（1.6%）増加しており、今後も増加することが予想される。2012年には留学生が20万人を突破し、大学・大学院後の出口政策として、就職・キャリア政策を進めていく必要性も指摘されている（守屋2012）。また、経済連携協定（EPA）にもとづいた外国人看護師・介護福祉士など、外国人労働者の増加も見込まれている。

このような外国人居住者の増加に伴い、地域社会、学校、職場などにおいて、日本語を母語とする人々と日本語を母語としない人々の接触の機会も増加してきており、急速に日本における多文化化・多言語化が進んできていると言える。

このような多文化共生社会の実現に向けて、外国人に対する言語保障

の観点から、国としての取り組みも始まっている（文化庁（2010）「「生活者としての外国人」に対する日本語教育の標準的なカリキュラム案について」など）。しかし、外国人に対する日本語学習支援は盛り込まれているものの、身近な外国人との意思疎通に困難を抱える日本人への対応は遅れていると言わざるを得ない。

だが、日本人と外国人がそのコミュニケーションの参加者であるならば、コミュニケーション参加者である日本人・外国人双方による調節が求められるべきである。したがって、外国人側に母語でない言語（日本語）を使用するというコミュニケーション上の調節を期待するのであれば、日本人側による言語的調節も当然、必要とされるであろう。

本研究では、日本社会においてこれまであまり注目されてこなかった外国人とのコミュニケーションにおける「日本人側の言語的調節」に焦点を当てていく。

3 一般の母語話者が接触経験を通じて学習する言語的調節

まずここで、本書における「日本人」、「外国人」という語の扱いについて述べておきたい。本研究では、以下、資料や文献の引用などを除き、「日本人」ではなく「母語話者」、「外国人」ではなく「非母語話者」という呼称を用いることとする。なぜなら、「日本人」とされる人の中にも日本語が母語でない人、「外国人」とされる人の中にも日本語を母語とする人が含まれることがあるためである。

母語話者と非母語話者が参加する場面は、「外国人場面（foreigner situation）」、「接触場面（contact situation）」などと呼ばれ、母語話者、非母語話者双方にコミュニケーション上の特徴が見られるとされる（ネウストプニー1981, 1995）。そのうち、接触場面における母語話者の調節行動に注目した研究は、「フォリナー・トーク（foreigner talk）」（Ferguson 1981）と呼ばれ、さまざまな研究が進められてきた。しかし、接触場面についての研究は、長年にわたって、第二言語習得の立場から非母語話者の言語能力向上を目的としたものが多かった。

日本においてもフォリナー・トーク研究は非母語話者の日本語能力向上を目指したものが中心であったが、1990年代後半に入ってから母語話

者側が使用するコミュニケーション方略が本格的に注目されるようになってきた。しかし、それらの研究の対象者には日本語教育の経験を持つ母語話者が多く含まれており、非母語話者と最も身近に接するはずの日本語教育の経験を持たない母語話者が用いる言語的調節の仕組みは未だ十分に明らかになっているとは言えない。また、それらの研究では、フォリナー・トークの特徴の記述に母語話者側が非母語話者とどのように接してきたかという接触経験が考慮されていないものも少なくない。

　しかし、日本語教育とは関わりのない一般の母語話者が、非母語話者との接触経験によって学習する言語的調節の仕組みを解明することは、今後の日本社会における母語話者と非母語話者とのコミュニケーションにとって有益な示唆を与えうると考える。なぜなら、母語話者が接触経験によって学習してきた言語的調節は、その母語話者が非母語話者とコミュニケーションを行う際に、誰に教えられるでもなく母語話者自身が試行錯誤しながら身につけてきたものであるからである。

　よって本研究は、日本語教育の経験を持たない母語話者が非母語話者とのコミュニケーションにおいて用いる言語的調節、特に接触経験によって学習される言語的調節に着目する。

4 ｜ 非母語話者との情報やりとりにおける言語的調節

　コミュニケーションとは、「「伝える」ことと「伝えられる」ことから成り立つ」（大坊・磯2009: 2）もので、これはコミュニケーションの基本形であり目的である。人は「互いに持てる情報の落差を埋め」（大坊・磯2009: 2）るためにコミュニケーションを行っているとも言える。

　では、母語話者は非母語話者との情報やりとりにおいて、情報の与え手としてどのような言語的調節を行っているのだろうか。また、情報の受け手としてどのような言語的調節を行っているのだろうか。そして、それらの調節は接触経験を経てどのように変化し、学習されていくのだろうか。本研究は、コミュニケーションの基本とも言える「正確な情報やりとり」を志向したコミュニケーション場面において会話参加者が行う言語的調節を分析する。本研究は、母語話者と非母語話者による情報やりとりという限定されたコミュニケーション場面の研究にとどまら

ず、あらゆるコミュニケーションにおける参加者相互の調節の一端を解明することを目指す。

5 本研究の目的

　先述のとおり、本研究は、コミュニケーションにおける参加者の言語的調節の一端を解明することを目指すものである。対象とするのは、日本語教育の経験を持たない母語話者が非母語話者とのコミュニケーションにおいて用いる言語的調節である。その言語的調節の中でも特に、接触経験によってどのような言語的調節が学習されるかに着目し、コミュニケーションの基本形である正確な情報のやりとりを志向したコミュニケーション場面を分析する。

　接触経験によって学習される母語話者の言語的調節の仕組みを明らかにするために、本研究はまず、次の2点を探索的に明らかにする。

　接触場面における日本語教育の経験を持たない母語話者について、
　　課題1：情報提供の際の言語的調節に接触経験が影響するか。影響するとすれば、それはどのように表れるか。
　　課題2：情報受け取りの際の言語的調節に接触経験が影響するか。影響するとすれば、それはどのように表れるか。

　そしてこれらの分析を通して、非母語話者とのコミュニケーションにおいて母語話者が接触経験を経てどのような言語的調節を学習するのか、その変容を明らかにする。その上で、接触場面における母語話者の情報やりとりの言語的調節の学習モデルを構築し、母語話者に対する非母語話者とのコミュニケーション支援のあり方について考察する。

　本研究は、日本社会においてこれまであまり注目されてこなかった非母語話者とのコミュニケーションにおける母語話者側、特に日本語教育の経験を持たない母語話者に注目する点、また、彼らの非母語話者とのコミュニケーションにおける言語的調節の学習に焦点を当てるという点において特色を持つものである。

　本書の構成と各章の概要を次節に示す。

6 本書の構成と各章の概要

第1章　先行研究と本研究の位置づけ

　第1章では、本研究に関連する先行研究を、「接触場面とは」、「コミュニケーション・ストラテジーとフォリナー・トーク」、「日本語接触場面におけるフォリナー・トーク研究の流れ」、「日本語接触場面におけるフォリナー・トーク研究の分析対象」の4点から概観し、その示唆と課題を述べる。その上で本研究の位置づけを行う。

第2章　研究方法

　第2章では、本研究で扱うデータの収集方法および分析方法について述べる。

第3章　分析の枠組み

　第3章では、接触場面における情報やりとりの過程に着目し、母語話者の言語行動の特徴を記述するための発話カテゴリーを設定する。この発話カテゴリーは第4章、第5章の分析の基盤となるものである。

第4章　母語話者の情報やり方略に接触経験が及ぼす影響

　第4章では、接触場面において母語話者が情報を提供する場面に着目し、母語話者のコミュニケーション方略に接触経験が及ぼす影響を分析する。分析においては、母語話者発話に関する量的分析と質的分析を組み合わせて行い、母語話者、非母語話者の意識についても分析の資料とする。

第5章　母語話者の情報とり方略に接触経験が及ぼす影響

　第5章では、日本語教育の経験を持たない母語話者が情報を受け取る場面に着目し、母語話者のコミュニケーション方略に接触経験が及ぼす影響を分析する。分析においては、母語話者発話に関する量的分析と質的分析を組み合わせて行い、母語話者、非母語話者の意識についても分析の資料とする。

第6章　母語話者の情報やりとり方略の学習モデルの構築

第6章では、第4章、第5章の分析にもとづき、接触場面における日本語教育の経験を持たない母語話者の情報やりとり方略の学習モデルを構築する。

第7章　母語話者に対する日本語での情報やりとり支援に向けた提案

第7章では、ここまでの議論で得られた知見を活用して、日本語教育の経験を持たない母語話者に対して行う非母語話者との日本語コミュニケーション支援のための提案を行う。

終章　本研究のまとめと今後の展望

終章では、ここまでの議論で得られた知見をまとめ、本研究の意義と残された課題と展望について述べる。

注 [1]　コミュニケーション研究においては「調整」という用語も使用されるが、「調整」は主にコミュニケーション内で問題が顕在化したときに使用されることが多い（ネウストプニー1999, 宮崎2005など）。本研究では問題が起こっている箇所だけでなく、コミュニケーションの過程における何らかの働きを指して「調節」という用語を使用する。

第1章 先行研究と本研究の位置づけ

　本章では、本研究に関連する先行研究を、「接触場面とは」、「コミュニケーション・ストラテジーとフォリナー・トーク」、「日本語接触場面におけるフォリナー・トーク研究」、「日本語接触場面におけるフォリナー・トーク研究の分析対象」の4つの観点から概観し、問題点と示唆を述べる。その上で本研究の位置づけを明らかにする。

1 接触場面とは

　「接触場面（contact situations）」とは、母語話者と非母語話者が参加する場面を指し、「外国人場面（foreigner situations）」とも呼ばれる。接触場面に対応する概念として、参加者のすべてが母語話者である場面は「母語場面（native situations）」、「内的場面（internal situations）」と呼ばれる（ネウストプニー 1995）。接触場面では母語話者、非母語話者双方にコミュニケーション上の特徴が見られるとされ（ネウストプニー 1981, 1995）、現在では、接触場面の細分化（「ビジネス接触場面」（宮副ウォン 2003））や範囲の拡大（「相手言語接触場面」[1]、「第三者言語接触場面」[2]、「共通言語接触場面」[3]（ファン 2003, 2006））も進んでいる。本研究では以下、母語話者と非母語話者が参加する場面を「接触場面」と呼ぶこととする。

2 コミュニケーション・ストラテジーとフォリナー・トーク

　序章において、われわれはコミュニケーションを行う際、あらゆる場面において、常にコミュニケーションの参加者を意識した何らかの調節を行っていると述べた。

では、なぜそのような調節が行われるのか。言語社会心理学の分野における「Accommodation Theory（適応理論）」（Giles et al 1991）では、自分の話し方を相手に合わせようとする心理的収斂（psychological convergence）からそのような調節が起こるとされる。Accommodation Theory（適応理論）に従うと、相手に好意や関心を抱いていれば心理的収斂が起こり、その結果、同じ言語を使おうとする言語的収斂（lingistic convergence）も実現するという。

　これを接触場面に当てはめると、心理的収斂が起こった場合、その場での共通言語によるコミュニケーションを成立させるべく、お互いにさまざまな方略を用いることになる（Zuengler 1991）。

　接触場面研究では、相手に対する調節について、従来、非母語話者が用いる方略を「コミュニケーション・ストラテジー」、母語話者が用いる方略を「フォリナー・トーク」と呼び、多くの分析が行われてきた。本節では、以下、接触場面において非母語話者と母語話者がコミュニケーションの際に用いる方略に関する研究を概観する。

2.1　コミュニケーション・ストラテジー
2.1.1　第二言語習得研究におけるコミュニケーション・ストラテジー

　コミュニケーション・ストラテジーについては、第二言語習得の立場から、接触場面において中間言語話者、すなわち第二言語（外国語）の学習者が不完全な第二言語の言語能力や運用能力を補って会話を展開するために行う言語調整であるとされ、多くの研究が行われてきた。これらの研究は、「接触場面のインターアクションが言語習得を促進する」という立場にもとづくものである（Long 1981, 1983a, 1983b, Gass 1988 など）。

　Tarone, Cohen and Dumas（1983）は、コミュニケーション・ストラテジーを中間言語話者が母語話者とコミュニケーションを図ろうとするときに起こる問題を解決するためにとる方略であるとし、表1–1のような方略を挙げている。

表1-1　コミュニケーション・ストラテジー

a. 言い換え（paraphrase） ・意味上、ほぼ近い言いかえ（approximation） ・新語創造（coinage） ・回りくどい表現（circumlocution）
b. 借用（borrowing） ・逐語訳（literal translation） ・言語交換（language switch） ・援助の要求（appeal for assistance） ・身振り（mime）
c. 回避（avoidance） ・メッセージの縮小（message reduction） ・意味の回避（semantic avoidance） ・メッセージの放棄（message abandonment） ・トピックの回避（topic avoidance）

*橋内（1999）をもとに作成

　また、Færch and Kasper（1983）は、コミュニケーション・ストラテジーを回避ストラテジー（Reduction strategies）と達成ストラテジー（Achievement strategies）に分類している。回避ストラテジーとは、学習者が何らかの問題に直面したときに、その問題を回避することにより処理するもので、一方の「達成ストラテジー」は何らかの方法でそれらの問題を解決しようと試みるものである。

　さらに日本語でも尾崎（1993）は聞き返しのストラテジーの有効性について述べ、許（2010）はFærch and Kasper（1983）の達成ストラテジー（Achievement strategies）を「発話ストラテジー」として、表1-2のように下位分類している。

表1-2　発話ストラテジーの分類

A. コードスイッチ	F. 再構築
B. 逐語訳	G. 確認要求
C. 一般化	H. 理解の確認要求
D. パラフレーズ	I. 間接的アピール
E. 造語	J. 直接的アピール

*許（2010）をもとに作成

　このようにコミュニケーション・ストラテジー研究においては、主に、

第1章　先行研究と本研究の位置づけ

コミュニケーション上の問題が発生した際に、中間言語話者がその問題の解決のために行う調整に着目した研究が行われてきた（Tarone 1980, Oxford 1990 など）。

2.1.2　コミュニケーション・ストラテジーの再定義

　従来「中間言語話者が母語話者とコミュニケーションを図ろうとするときに起こる問題を解決するためにとる方略」とされてきたコミュニケーション・ストラテジーについて、再定義を試みる動きもある。

　尾崎（1993）は、コミュニケーションを成立させるためには伝達内容を言語化する過程で直面する問題を処理する方策である「訂正ストラテジー」とコミュニケーションを円滑に進めるための方策である「円滑化のストラテジー」の2つがあるとしている。「訂正ストラテジー」とは、非母語話者が母語話者の発話内容が聞き取れなかったり理解できなかったときに聞き返しなどによって母語話者に訂正を要求するものである。「円滑化のストラテジー」とは、「訂正ストラテジー」とは異なり、会話が円滑に進むために必要なもので、声量、応答、間合いなどがある。尾崎（1993）は、従来のコミュニケーション・ストラテジー研究では「訂正ストラテジー」のみが対象とされてきたことに対し、「円滑化ストラテジー」もコミュニケーション成立の要件としてコミュニケーション・ストラテジー研究の対象とすべきであると指摘している。また、中間言語話者だけでなく母語話者のフォリナー・トークも含めること、話し手だけでなく聞き手の方策も含めて分析することの必要性を提唱している。

　藤井（2000）は、接触場面の自然会話の分析を行い、それまでのコミュニケーション・ストラテジーの定義の3要素である「問題・意識的問題認識・問題解決手段の意図的選択」以外の方略、例えば繰り返しによる会話のテンポアップ、発話意図を明確に表示するためのコード・スウィッチングなどが頻繁に使われていることから、「問題・意識的問題認識・問題解決手段などの意図的選択」に起因しない方略もコミュニケーション・ストラテジーとして扱われるべきであるとしている。これは、非母語話者の言語能力の不足による問題解決のための意図的方策としての位置づけではなく、会話参加者が共同で会話を構築していくための方策として、コミュニケーション・ストラテジーをとらえるべきだという考え

方である。

　前項で見たように、従来、コミュニケーション・ストラテジーとは接触場面における中間言語話者が用いる言語的調整のことを指していた。しかし、コミュニケーション・ストラテジーについて、尾崎（1993）は参加者の属性や役割の違いを越え、また、藤井（2000）は意識的か無意識かにかかわらず、会話参加者が会話を構築するために用いる方略も含めるべきであるとして、コミュニケーション・ストラテジーの再定義を試みている。

　一方、日本語の母語場面の研究では、ザトラウスキー（1993）が、会話における「ストラテジー」について、やりとりの中で「目的（goal）」を達成するために話者が用いる手段を指すものであるとしている。ここでいう「ストラテジー」とは、従来、第二言語習得の分野において「中間言語話者が母語話者とコミュニケーションを図ろうとするときに起こる問題を解決するためにとる方略」という意味ではなく、尾崎（1993）や藤井（2000）の指摘と同様、非母語話者・母語話者など会話参加者が用いる会話の円滑な進行や問題解決などの会話におけるすべての方略を含み、かつ、会話における目的を達成するために会話参加者が行う言語行動のすべてを指している。「会話の目的を達成する」という視点で会話参加者の言語行動を「ストラテジー」ととらえることは、コミュニケーション全体の包括的な記述を目指すにあたって示唆に富むものであり、接触場面の記述においても有用な考え方である。

2.2　フォリナー・トーク

　2.1では接触場面において非母語話者が用いる調節の方略である「コミュニケーション・ストラテジー」に関する研究とその再定義の必要性を指摘した研究について述べた。ここでは、接触場面のもう一方の参加者である母語話者が用いる調節の方略としての「フォリナー・トーク」研究について述べる。

　フォリナー・トークとは、「ある言語の母語話者が、その言語を十分に母語話者並みに理解する力のない人々に対して使用するレジスター（register、言語変種）」（Ferguson 1981）とされる。これまでのフォリナー・トーク研究は、社会言語学的な観点からの研究と第二言語習得の観点からの

研究の2つに大きく分けられる。

2.2.1 社会言語学分野におけるフォリナー・トーク

フォリナー・トークは、個人が同一言語内でコミュニケーション状況に応じて選択する表現手段の一種である「レジスター」の1つで、Ferguson（1981）によって提唱された。Ferguson（1981）は社会言語学的な観点からそのシステムの解明を目指し、分析を行っている。フォリナー・トークははじめ、簡略化された言語（Ferguson 1981）とされ、ピジン（pidgin）語や大人が子供に対して使用するベイビートーク（baby talk）などと同様、その不完全性が指摘されていた。

しかしその後、フォリナー・トークは一概に簡略化が起こるのではなく、さまざまな形式が存在し、そのバリエーションには非母語話者の第二言語能力や社会的地位、母語話者の個性や非母語話者との接触経験、会話の状況など、多くの要因が影響することが指摘されてきている（ロング1992, 御舘1998, 一二三2002など）。

2.2.2 第二言語習得研究におけるフォリナー・トーク

社会言語学分野におけるフォリナー・トーク研究に対し、第二言語習得の観点からは、学習者が母語話者とのインターアクションにおいて母語話者から受け取るインプットが言語習得にどのような影響を与えるかが論じられてきた。

Krashen（1985）の「インプット仮説」において学習者の言語習得促進に有効な「理解可能なインプット」が提唱されて以降、母語話者の発話への注目が高まり、母語話者の非母語話者に対する調整について研究が進められた。さらに、母語話者の個々の発話だけでなく、母語話者と非母語話者の間で行われるインターアクションが理解可能なインプットを得るために重要であるという「インターアクション仮説」（Long1983a, 1983b）にもとづいて、母語話者の非母語話者に対する調整された発話について、詳細な分類が行われた。

Larsen-Freeman and Long（1991）は、調整について、言語形式に関する言語的調整と、会話の構造的特徴の調整である会話的調整に大別し、それぞれの調整について音声面、形態・統語面、意味面、内容面、相互行

為的構造面に分類し、リスト化している（表1–3）。

表 1–3 文法的に正しいフォリナー・トーク談話における言語的調整と会話的調整

言語的調整
音声面
発話スピードの低下
ストレス・ポーズの多用
よりていねいな発音
ピッチ間隔の広がり／大げさなイントネーション
正式な形式の多用／縮約形の回避
形態・統語面
形式の整った発話の多用／たどたどしい発話の減少
より短い発話（発話あたりの語の減少）
複雑な発話の減少
より標準的／規範的語順の多用
選択的な要素の保持
文法関係の明確化
動詞の現在形の多用／非現在時制への言及の減少
質問の多用
Yes-no 疑問文とイントネーション疑問文の多用／wh 疑問文の減少
意味面
意味関係の明確化
タイプ・トークン率の低下
慣用表現の減少
名詞と動詞の平均頻度の上昇
動詞全体に対する連結詞の割合の増加
語彙項目の顕著な使用
意味のわかりにくい形式の減少
会話的調整
内容面
予測可能な話題とその範囲の限定
「今、ここ」への方向づけの多用
話題の短い扱い
相互行為的構造面
唐突な話題転換の多用
話題選択権の対話者への譲渡
意図しない話題転換の受け入れ
談話導入ムーブでの質問の多用
くり返しの多用
理解チェックの多用
明確化要求の多用
拡張の多用
質問―応答連鎖の多用
再構成の多用

*Larsen-Freeman and Long（1991）

```
                    ┌ 談話管理
                    │     伝える情報の量とタイプ
                    │     質問の使用
                    │     「今、ここ」の方向づけ
                    │     理解の確認
 相互行為的調整 ┤
                    │            ┌ コミュニケーション破綻の修復
                    │            │      意味交渉(明確化要求、確認要求、
                    │            │            自己・他者のくり返し)
                    └ 談話修復 ┤ 話題の放棄
                                 │ 学習者誤用の修復
                                 │ 他者訂正の回避
                                 └ 明示的・非明示的な訂正
```

図1-1　フォリナー・トークにおける相互行為的調整のタイプ（Ellis 1994）

　また、Ellis（1994）は母語話者と非母語話者のインターアクションが「理解可能なインプット」を引き出す重要な習得の場であるとしてLarsen-Freeman and Long（1991）の会話的調整を発展させた「相互行為的調整」という概念を用いて、相互行為的調整のタイプを分類している（図1-1）。Ellis（1994）はそこで、相互行為的調整を談話管理（discourse management）と談話修復（discourse repair）に分類した。談話管理はコミュニケーションの問題が発生する前にその問題を回避する方策であり、談話修復は生じた問題に対処するための方策である。談話管理はLong（1983a）におけるストラテジー（strategy）、談話修復はタクティクス（tactics）に相当する。

　第二言語習得の分野ではこのうち、問題が発生したときの対処である談話修復、特に、意味交渉（話者同士が協力して互いの理解を構築するための相互行為）に注目が集まり、多くの研究が行われてきた（Varonis and Gass 1985, Scarcella and Higa 1981など）。このように、第二言語習得の観点からのフォリナー・トークの研究では、第二言語学習者にとって、母語話者とのインターアクションが「理解可能なインプット」や「理解可能なインプット」を引き出すための重要な習得の場であるという観点でとらえられている。そのため、母語話者発話を対象としながらも母語話者発話そのものより、それが非母語話者の言語習得に有効か否かに焦点が当てられていると言える。

2.3 本研究における接触場面の参加者が用いる「コミュニケーション方略」の定義

前項までに述べたように、これまでの接触場面研究において非母語話者が用いる「コミュニケーション・ストラテジー」、母語話者が用いる「フォリナー・トーク」についての先行研究から、接触場面において参加者が共通言語を使用し、調節し、お互いの理解構築のためにさまざまな方略を用いていることが明らかになっている。

このように、母語話者と非母語話者には言語能力上の差はあっても、会話参加者として会話に貢献しようとしているという点で差はない。非母語話者が用いる「コミュニケーション・ストラテジー」と母語話者が用いる「フォリナー・トーク」には、すでにこれまでの研究で指摘されているように、別の表現への置き換え、相手への確認（理解確認）要求など、共通する部分も認められる。森（2004: 196）はコミュニケーション・ストラテジーについて、「あたかも非母語話者、学習者特有の行動であるかのように表現されてきたものの中には、実際には母語話者であってもなんらかのコミュニケーション上の問題が生じた場合に取りうる行動であるものも多い」と指摘している。

このことから、接触場面の参加者として母語話者と非母語話者を見るとき、「コミュニケーション・ストラテジー」と「フォリナー・トーク」のように、別々の枠組みによって接触場面のコミュニケーションで用いられる方略を記述するよりも、むしろ、同じ枠組みの中で双方を記述することによって、コミュニケーションの諸相の1つである接触場面の特徴をより明らかにすることができるのではないだろうか。

また、荻原（1996）や藤井（2000）のいうように、問題解決のための意図的方策だけでなく無意識的な方策もコミュニケーション・ストラテジーとしてとらえること、さらに、ザトラウスキー（1993）の指摘するように、情報を共有するという「目的（goal）」を達成するために会話参加者が行う言語行動のすべてを方略ととらえることで、問題解決場面だけでなく、接触場面全体を包括的に記述することが可能になるのではないだろうか。

ただ、「コミュニケーション・ストラテジー」という術語には「非母語話者が用いる方略」というイメージが依然強いのも事実である。そこ

で、本研究では会話参加者がコミュニケーションにおいて使用するコミュニケーションの方略を「コミュニケーション方略」と呼び、次のように定義する。

> コミュニケーション方略：
> コミュニケーションの目的を達成する過程において、参加者が共同でコミュニケーションを構築するために用いる調節の手段

　この定義によって、これまで別々に記述が進められてきた「コミュニケーション・ストラテジー」と「フォリナー・トーク」が、母語話者・非母語話者など参加者の属性や役割の違いを越え、意識的な方略だけでなく、無意識に表れる言語行動も含めて総合的に記述できるようになると考える。
　上述のように「コミュニケーション方略」を定義した上で、本研究では、日本語接触場面において母語話者が用いるコミュニケーション方略の実態に焦点を当てていく。

3 │ 日本語接触場面における母語話者のコミュニケーション方略研究

　本研究の目的は、日本語接触場面において母語話者が用いるコミュニケーション方略の実態を明らかにすることである。では、これまで、日本語接触場面における母語話者のコミュニケーション方略についてどのような研究が行われてきたのだろうか。
　以下、日本語接触場面における母語話者のコミュニケーション方略（フォリナー・トーク）に関する研究について、「第二言語習得分野」、「社会言語学・社会心理学分野」、「言語管理理論」、「共生言語」、「やさしい日本語」の観点から概観する。

3.1　第二言語習得分野
　日本語接触場面におけるフォリナー・トークは、スクータリデス（1981）によって最初に指摘された。スクータリデス（1981）は日本語母語

話者と日本語学習者間の会話の分析から、日本語においてもフォリナー・トークが存在することを明らかにした。そして、日本語におけるフォリナー・トーク研究の意義について、「言語習得過程に注目しながら、フォリナー・トークの研究を行うことにより、この結果から得られるであろう新しい知識に基づいて、外国語教育の在り方が多くの面で改善されることが期待される」と述べている。

志村(1989)はLong (1983a,1983b)にもとづいて日本語におけるネイティブ・トークとフォリナー・トークの相違を量的に分析し、日本語のフォリナー・トークは文法的に正しい発話が多いことを明らかにした。また、坂本他(1989)は、フォリナー・トークに対する日本語学習者の反応について分析し、学習者の言語能力が高くなるほどフォリナー・トークに対する好感度が低くなるという結果が得られたとしている。

その後も「理解可能なインプット」、「理解可能なインプットを引き出すためのコミュニケーション」として、フォリナー・トークが学習者にどのような影響を与えるかに関する研究が続いている(永山1997, 町田1997など)。

以上のように、日本語教育の分野における日本語のフォリナー・トーク研究では主に、2.2.2で述べたような第二言語習得研究の流れを受けた研究が盛んに行われてきた。このことについて徳永(2003)は、日本語教育という言わば、第二言語習得の研究分野において、日本語のフォリナー・トークは研究対象とされながらも、「簡略化されたインプット」、あるいは「理解可能なインプット」として日本語学習者の言語習得にどのような影響があるかということに注目が集まってきたとして、母語話者が持つ言語変種(レジスター)(Ferguson 1981)としてのフォリナー・トーク自体の特徴の解明が十分には行われてこなかったと指摘している。

3.2 社会言語学・社会心理学分野

日本語教育の分野において、第二言語習得の観点からフォリナー・トークの分析が進む一方で、ロング(1992)は社会言語学的視点からフォリナー・トークの実態を明らかにするため、道聞き場面における日本人の対外国人言語行動を分析し、分類した。

また、御舘(1998)はフォリナー・トークの実態が依然として的確にと

らえられていないとし、道聞き場面について、接触場面と母語場面を比較し、母語話者のフォリナー・トークのバリエーションを示した。その上で御舘（1998: 120）は、「これらのバラエティが、年齢、教育、あるいはFT[4]経験とその質などの、どのような要因によるものであるのか」を明らかにすることが今後の課題であると指摘している。

さらに、オストハイダ（1999）は、母語話者の対外国人行動は聞き手である外国人の言語能力の限界によるものとは限らず、外国人の人種や国籍など、「言語外的条件」が影響していることを明らかにした。

このように、社会言語学や社会心理学の分野においては、フォリナー・トークのバリエーションや、フォリナー・トークにさまざまな要因が影響を与えている可能性が指摘されている。

3.3　言語管理理論

接触場面における参加者のコミュニケーション方略を解明しようとするものに言語管理理論（ネウストプニー 1981, 1995, 1999, 2004など）がある。言語管理理論は学習者の言語習得に焦点を当ててはいるものの、それまで省みられることの少なかった言語問題という「言語政策」の観点から、言語習得をとらえようとしている（ネウストプニー 1995）。

ネウストプニーは、「言語管理」を何らかのコミュニケーション上の問題を解決するものであるとし（ネウストプニー 2004）、「管理プロセス」とその前段階の「生成プロセス」を設定して接触場面のインターアクションを記述している（ネウストプニー 1999）。「管理プロセス」はコミュニケーション上の問題が現れた際の問題解決のための意識や言語行動を指す。接触場面のインターアクションは「規範」にのっとって進み、「規範」からの「逸脱」が生じた際にその調整行動としての管理プロセスが働くのである。

言語管理理論にもとづいた研究では村岡（1999）、ファン（2003）、宮崎（2005）、加藤（2010）などが、さまざまな現象について分析を行っている。言語管理理論では、非常に厳密に「規範」、「規範からの逸脱」、「調整行動」が記述され、母語話者だけでなく非母語話者の言語管理プロセスも明らかにすることが可能である。しかし、会話の参加者によって認識された、「意識された規範からの逸脱」に対する調整行動を主に分析対象と

してきたため、「規範からの逸脱」として会話参加者が認識しない場合の相互行為については十分に分析が進んでいるとは言えない。

3.4 共生言語

言語管理理論と同時期に生まれた概念として「共生言語」がある。岡崎 (1994) は、異言語の話者同士が同一コミュニティの住民として共生していくために、ある言語についてそのような共生に適した運用を作り出し、共生言語として形成していく「言語内共生化」という過程に言及した。岡崎 (1994) は、言語内共生化においては非母語話者だけが日本語を学習するのではなく、母語話者も共生言語としての日本語を非母語話者とのインターアクションを通して学習していくことの必要性を指摘した。そして、言語内共生化の具体的形成過程として、母語話者と非母語話者双方の言語的調整である「相互調整行動」、意識的側面の「配慮行動」、文化的側面の「円滑化行動」があるとしている。

「相互調整行動」には、A.意味にかかわる相互調整行動（具体例を挙げての確認、言い換え、それに伴う談話修復など）、B.理解にかかわる相互調整行動（理解の確認・不理解の表明・先行者の発話の理解があっているかの確認）、C.話題にかかわる相互調整行動（a.身近なトピックの選択、b.一つ一つの話題を短めに取り上げる、c.話題のコントロールを場合によって放棄する、d.話題を突出させる、e.意図しない話題のスイッチを受け入れる）の3つがある。「配慮行動」とは、インターアクションの経験が蓄積される中での具体的な配慮行動のことである。コミュニティの中で外国人との間で日本語を用いて会話をする場合、日本人には、日本人と日本語で会話をする場合とは異なった配慮行動が形成されること、外国人との接触度が高まるにつれて特定の配慮行動が強化され定着されること、特に共生を容易にするような歩み寄りにもとづく配慮行動が創造されていくことが明らかになった。「円滑化行動」とは、より文化的な基礎に根ざした、発話行為における相互の歩み寄りによる協調行動のことで、非母語話者の側では、母語によってそれぞれ異なることが示されている。

そして、岡崎 (2003: 23) は共生言語について、「共生化の過程では、そのままでは各自の能力を十分生かすことのできない状況で、新たに統合的な能力を形成することで両者の存続の展望が切り拓かれていく。その

統合的な能力を共生能力、言語に関わるそのような能力を共生能力を持つ言語能力、そこに創り出される言語を共生言語と呼ぶ」と定義している。

つまり、共生言語という概念は、それまで第二言語習得における「理解可能なインプット」という観点からとらえられてきたフォリナー・トークを、接触場面において母語話者と非母語話者がインターアクションを通じて共同で構築していく言語として位置づけるということである。ただ、ここで強調しておきたいのは、岡崎（1994, 2003）は、共生言語を固定的なものと規定するのではなく、実際のインターアクションを通じて学習される、動的なものとしてとらえているということである。

この共生言語の概念にもとづいて、一二三（2002）や増井（2005）らは、共生言語が母語話者に学習される過程を分析している。

接触場面全体における母語話者、非母語話者双方の調節の結果として形成されたコミュニケーション方略の諸相を記述するとき、この「共生言語」という概念は非常に示唆に富むものであると言える。

3.5　やさしい日本語

前項まで、接触場面で母語話者が使用するコミュニケーション方略の解明がさまざまな観点から進められてきたことを示したが、近年になって指摘されてきたのが、母語話者に対する日本語運用力の学習支援の必要性である（徳永2009）。これは、阪神淡路大震災や東日本大震災などの大規模災害における外国人への情報保障として、日本語で正確に情報を提供する方法の検討が始まったことがきっかけとなっている。

そして実際に、弘前大学人文学部社会言語学研究室によって災害時に外国人に情報をわかりやすく伝えるための「やさしい日本語」が提案されている。松田・前田・佐藤（2000）は、緊急時の情報提供において日本語を用いて外国人に情報を提供するためのマニュアルとして「やさしい日本語」を開発した。この「やさしい日本語」によるニュースと一般のニュースとを使って留学生へ聞き取りテストを行ったところ、ニュースの内容に関する質問の正答率は、「やさしい日本語」が 90.7%、普通の日本語が 29.3% という結果となり、両者には明らかな違いが見られた（弘前大学人文学部社会言語学研究室 2006）。

一方、庵他（2011）は、災害時や緊急時のみならず、平時においても外国人に日本語で情報提供を行うことが必要だとし、難解な公文書をわかりやすい日本語に書き換える「やさしい日本語プロジェクト」など、母語話者側の言語的調節の必要性を訴える取り組みを行っている。

　このように、母語話者のコミュニケーション方略の効果が明らかになり、その方略の学習の必要性が指摘されるようになってきたのは、非常に意味のあることである。しかし、「やさしい日本語」に関する一連の研究は、日本語教育の知見を活用した、言わばトップダウン的な方策の提案であり、母語話者側からの一方向的な情報提供の方法の模索にとどまっている。また、「言い換え案」「書き換え案」を提示してしまうことにより、情報の提供方法が非母語話者とのインターアクションを通じて調節されるような動的なものではなく、固定的なものとしてとらえられてしまう危険性も含んでいる。

3.6　本研究における母語話者が用いるコミュニケーション方略解明のための基礎的概念

　前項まで、日本語接触場面におけるフォリナー・トーク研究の流れを概観した。日本語接触場面研究においては当初、フォリナー・トークという概念が日本語教育の分野において紹介されたという経緯から、第二言語習得分野における「理解可能なインプット」、「理解可能なインプットを引き出すためのインターアクション」としてのフォリナー・トーク研究が盛んに行われてきた。その一方で、社会言語学的な観点からのフォリナー・トークの実態の解明も行われてはいるものの、会話が行われる場面、会話参加者の関係（親疎、年齢、身分など）、母語話者の非母語話者との接触経験の質や量など、フォリナー・トークに影響を与えるさまざまな要因についての検討は未だ進んでおらず、日本語母語話者の言語変種の1つとしてのフォリナー・トークの実態が十分に明らかになっているとは言いがたい。

　さらに、言語管理理論による研究では、「規範」、「規範からの逸脱」、「調整行動」など、何らかのコミュニケーション上の問題と認識される問題に焦点が当てられてきた。接触場面では母語場面と異なる問題が発生することがあり、問題が発生した際の母語話者のふるまいを記述するこ

とは、接触場面におけるコミュニケーション・ブレークダウンや誤解を避けるために有効な方法を提示できるものである。しかし、コミュニケーションは問題が発生しつづけるわけではない。問題が発生した場面の分析だけでは、接触場面全体で何が起こっているのかを知ることは難しい。よって、接触場面のコミュニケーションを包括的に記述する研究も進められる必要がある。

　また、非母語話者にわかりやすく情報を伝えるにはどのようにしたらよいか、その方策の検討がこれまでほとんど行われてこなかった中、近年提唱され始めた「やさしい日本語」は、社会的に非常に意義のあるものである。しかし、「やさしい日本語」は、現時点では母語話者側からの一方向的な情報提供の方法が主として扱われている。しかし、実際に情報を提供する場合、「やさしい日本語」が提案する言い換えや書き換えを一律に踏襲するだけでは不十分で、情報を受け取る相手に合わせて、どの程度言い換えたり、書き換えたりするのかを考える必要がある。さらに、実際のコミュニケーションにおいて母語話者は情報を提供するだけでなく、非母語話者から情報を受け取ることもある。その場合、自分が欲しい情報を引き出せるような話の聞き方も重要になってくる。そのため、実際の接触場面会話の分析を通して、情報を提供したり、情報を受け取る際に母語話者が何を行っているのか、つまり、母語話者のありのままのコミュニケーション方略の実態を明らかにすることが、今後の「やさしい日本語」を考える上でも重要である。

　一方、「共生言語」という概念は、接触場面のコミュニケーションで使用される言語を、接触場面において母語話者と非母語話者がインターアクションを通じて共同で構築していくものとして位置づけている。また、共生言語は経験によって学習される動的なものでもある。「共生言語」という概念は、本研究の目的である接触場面全体における母語話者・非母語話者双方の調節の結果として形成されたコミュニケーション方略の諸相の記述にあたって、非常に示唆に富むものであると言える。この「共生言語」や「共生言語の学習」という観点からの分析では、会話が行われる場面、参加者の関係（親疎、年齢、身分など）、母語話者側の非母語話者との接触経験の質や量など、会話参加者の社会的な属性や個人の経験などを考慮した研究が行われる必要がある。

以上を踏まえ、本研究は「共生言語」を研究の基礎的概念として位置づけ、日本語接触場面において母語話者が用いるコミュニケーション方略の実態を社会における言語使用という観点から明らかにする。

4 日本語接触場面における母語話者のコミュニケーション方略研究の分析対象

前節では、日本語接触場面における母語話者のコミュニケーション方略（フォリナー・トーク）研究のこれまでの流れを概観した。本節では、日本語のフォリナー・トーク研究が扱ってきた分析の対象を概観し、その問題点を指摘する。

4.1 非母語話者との接触経験が母語話者に及ぼす影響

接触場面における母語話者のコミュニケーション方略が実際のインターアクションを通じて学習される動的なものである（岡崎1994）ならば、非母語話者との接触経験も母語話者に影響を与えているはずである。日本語接触場面のフォリナー・トーク研究においても、接触経験に着目したフォリナー・トークの分析が行われてきた。

4.1.1 接触経験が母語話者の意識面に及ぼす影響

異なる人種など外集団との接触経験を通して、外集団に対する偏見や排外意識が低減されるとする「接触仮説」（Allport 1954など）がある。仮説では、このような排外意識が低減されるのは「社会制度的な支持」、「相互知悉性」、「対等な地位関係」、「共同作業を含む」という条件を満たす場合である。大槻（2006）は、従来の接触仮説研究が対象としてきた接触を「受動的接触」と呼び、日本人を対象に、「外国人を見かける程度の接触機会」・「あいさつ接触」・「受動的接触」・友人関係など個人の積極的な選択による「能動的な接触」、の4つの接触経験と個人属性が、外国人に対する排外意識と関連しているかを分析した。その結果、学歴が高い人、能動的な接触経験がある人ほど、外国人に対する排外意識が低いことが明らかになった。これは、個人の排外意識に、属性だけでなく、外国人との接触経験の質が密接に関わっていることを示している。

また、一二三（2002）は、母語場面と接触場面では意識面での会話処理

において、接触場面のほうが非母語話者の「理解援助」で重要性が増すなどの差が見られ、一二三（1995）は日本語教授経験の長短によっても母語話者の意識面での会話処理に差があるとしている。

　しかし、これまでの接触場面の研究においては、言語行動面だけが分析の対象となっていたり、意識面の分析が行われていたとしても、コミュニケーション上の問題が起きた箇所に焦点が当てられることが多かった。よって、コミュニケーションそのものを対象として、言語行動面と意識面を関連させて論じる研究はまだ少ないと言える。

4.1.2　接触経験が母語話者の言語行動面に及ぼす影響

　非母語話者との接触経験が母語話者の言語行動に影響を与える可能性について、村上（1997）は、非母語話者との接触経験が異なる4グループの意味交渉[5]の頻度と方法を比較した。その結果、日本語教師ではないが、職務上、非母語話者との日本語での接触の多いグループが、積極的かつ協力的であることを明らかにした。

　筒井（2008）は、情報提供の際の母語話者の言い換えに関して、接触頻度が高い人の言い換えのほうがより具体化されていると述べている。また、増井（2005）は、接触経験を通じた母語話者の修復的調整の変化を分析し、頻度や方法・表現に変化が見られたことから、接触経験によって共生言語が学習されると述べている。

　一二三（1995, 1999, 2002）は、「共生言語の学習」を「共生的学習」と呼び、接触場面において母語話者が行う意識的配慮について、また、それらの意識的配慮と言語処理面、相互作用面との関わりを示し、母語話者側の共生言語の学習の実態について明らかにした。一二三（1995）は、接触経験が長い母語話者のほうが、相手の発話を理解しようとする意識的配慮の重要性が増すことを質問紙調査によって明らかにした。それだけでなく、一二三（2002）は、接触場面における母語話者と非母語話者の共生的学習の可能性を意識面、言語処理面、相互作用面から分析し、それらが母語話者場面とは異なること、文脈[6]により変動すること、相互作用の過程を通して生成されるものであることを指摘している。一二三の一連の研究では、接触経験によって母語話者の非母語話者に対する意識が変化し、その変化が言語処理面、相互作用面にも影響することを示し

ている。

　以上のような研究から、接触経験の量や質は、母語話者のコミュニケーション方略（意識面・言語行動面）に影響を与える重要な要因であると位置づけることができる。しかし、これまでの日本語接触場面研究では、調査の対象とされた母語話者の接触経験の量や質について明記されているものは上に挙げた研究を含めごく一部にとどまっており、接触経験の量や質の差が結果に与える影響について十分に考察されていないのが現状である。

4.2　フォリナー・トークとティーチャー・トーク

　日本語接触場面における母語話者のコミュニケーション方略に関する研究は3.1で述べたように第二言語習得の研究における一分野として発展してきた。そのため、日本語のフォリナー・トーク研究には第二言語教育の場面における母語話者、つまり教師の「ティーチャー・トーク」（Sinclair and Brazil 1982）が含まれることが多かった。

　西原（1999）は、相手の習得レベルに最も意識的な形で日常的に非母語話者と接している言語教師が使用するティーチャー・トークの特徴を挙げ、非母語話者と意思疎通を図るために、ティーチャー・トークの持つコミュニケーション上の特徴を一般の日本語母語話者も取り入れる必要があるとしている。

　しかし、ティーチャー・トークとフォリナー・トークに似ている部分がある（Chaudron 1988）とはいえ、第二言語習得を目的とした教師の話し方と、コミュニケーションの成立を目的とした母語話者の話し方は厳密には異なるはずである。村岡（1999）は、ティーチャー・トークはフォリナー・トークと同質であるとしているが、双方に多く重なる部分はあるものの、言語習得を志向したコミュニケーションであれば、「学習者の誤りを積極的に修正する」、「正しいアウトプットを引き出すために援助を留保する」などの日常のコミュニケーションとは異なる現象が起こっても不思議ではない。村上（1997）は、タスク実施時における日本語教師と一般の母語話者の話し方を比較した結果、日本語教師には語学教師特有の特徴があることを指摘している。

　これらのことから、ティーチャー・トークとフォリナー・トークは重

なる部分はあるものの、異なるものであると位置づけることができる。ティーチャー・トーク、フォリナー・トークと接触場面における母語話者のコミュニケーション方略の関係を図1–2に示す。

ここから指摘できることは、日本語教育の知識や経験を持たない一般の母語話者の接触場面におけるふるまいを明らかにするためには、ティーチャー・トークなど第二言語習得や第二言語の学習の知識を持つ母語話者と区別してデータの収集、分析を行っていく必要があるということである。

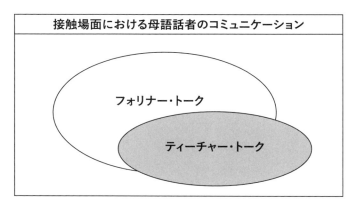

図 1–2　関係図：ティーチャー・トーク、フォリナー・トーク、接触場面における母語話者のコミュニケーション方略

4.3　母語話者の役割とコミュニケーションの目的

これまでの日本語のフォリナー・トーク研究において、母語話者がどのような役割でコミュニケーションに参加しているものが分析の対象となってきたのだろうか。従来の研究が分析の対象としているものを分類すると、以下のようになる。

（1）　母語話者が聞き手となるインタビュー（大平2000, 福間2001など）
（2）　母語話者が話し手となって情報を提供する会話（増井2005, 筒井2008など）

(3) 自由会話（伊集院2004, 熊井2007, 藤井2000など）
(4) ロールプレイやインフォメーションギャップタスクなど、目的が設定されている会話（村上1997, 一二三2002, 増井2005, 筒井2008など）

　（1）、（2）は、話し手・聞き手の役割別に分析が行われているもの、（3）は自然な会話を志向したものであり、（4）は話し手・聞き手の役割はそれぞれの研究によって異なるが、会話の目的が設定されているものである。
　日本語のフォリナー・トーク研究においてはこれまで、上述のようなデータが分析の対象となってきた。しかし、（1）や（2）は母語話者が話し手と聞き手のどちらか一方の役割しか担っていない。（3）のような自由会話は、確かに自然な会話ではあるものの、「役割が特に固定していない」（熊谷・木谷2005: 62）、「話題の転換がどの話者でも自由に行える」（熊谷・木谷2010: 69）など雑談の要素を含んでおり、話し手と聞き手の区別や会話の目的があいまいである。（4）は会話の目的が設定されてはいるが、話し手や聞き手いずれかの役割しか担っていないものが多い。
　もちろん、森本（2001）が指摘するように、会話は、単純に「話し手」「聞き手」という固定された役割の交代によってのみ成り立つのではない。人々はそれらの立場をたえず切り替えてコミュニケーションを成立させている（串田2006）。
　串田（2006）によれば、「話し手」という言葉には、「言語音を発声しているもの＝発声者」、「言葉を選択した者＝著者」、「話された言葉によって立場が打ち立てられるもの＝責任主体」といった異なる立場の異なる組み合わせが混在しており、引用や朗読、同時通訳においてはこれらの立場が別々の人物に分担される。また、「聞き手」という言葉には「話しかけられた者」、「話しかけられていない参加者」、「傍観者」、「盗聴者」といった異なる立場が区別されることなく混在している（串田2006）。
　しかしながら、現時点では日本語接触場面において、コミュニケーションの基本である「情報やりとり」の際、母語話者が非母語話者にどのように情報を提供し、どのように非母語話者から情報を引き出しているのかについては明らかになっていない部分が多く残されている。そのた

め、まずは自然な会話の分析の前段階として、コミュニケーションの参加者としての役割が明確な状態での言語行動の分析が必要であると考える。ただし、その役割は森本（2001）や串田（2006）の指摘にあるように、「話し手」「聞き手」では十分に担い得ない。しかし、「話し手」「聞き手」ではなく、「情報の与え手」「情報の受け手」という役割と考えれば、母語話者がどのように非母語話者に情報を提供し、反対に非母語話者からどのように情報を引き出すかを分析できるのではないだろうか。

4.4　本研究の分析の対象

前項まで、これまでの日本語接触場面研究が対象としてきたデータの課題を指摘してきた。その課題とは、「コミュニケーション場面全体の言語行動面と意識面を関連させた分析が少ない」、「母語話者の接触経験が分析結果に与える影響が十分考慮されておらず、フォリナー・トークとティーチャー・トークが混在している」、「コミュニケーションの目的が明確でないため、母語話者の言語行動が十分に明らかになっていない」、「情報やりとりの際の母語話者の与え手としての言語行動、受け手としての言語行動が総合的に明らかになるようなデータが少ない」、の4点である。

そこで本研究では、上述のような課題を解決するために、次のようなデータを収集し、分析を行う。

（1）コミュニケーション場面全体の言語行動面と意識面を関連させて論じるためのデータ
　　会話において、特定の問題が起こった場面だけでなく、会話全体を包括的に記述し、さらに、会話中の言語行動面と意識面を関連させて論じるためのデータを収集する。

（2）日本語教育の経験を持たない母語話者の接触経験を考慮したデータ
　　日本語教育の経験を持たない母語話者のふるまいを明らかにするため、日本語教育関係者を除外したデータを収集する。また、接触経験の影響を検討するため、「接触経験が少ない」という属

性と、「接触経験が多い」という属性を持つグループに分け、データを収集する。

(3) コミュニケーションの目的が明確なデータ
お互いに持っていない情報を共有して理解を構築するというインフォメーションギャップのある会話をデータとして収集する。

(4) 母語話者のコミュニケーションにおける役割が明確なデータ
母語話者の情報の与え手・受け手としての役割が明確で、かつ、母語話者が1つの会話内で情報の与え手・受け手の役割を担う会話をデータとして収集する。

以上の条件を満たすデータを収集し、分析することにより、本研究の以下の課題を明らかにすることができるものと考える。

接触場面における日本語教育の経験を持たない母語話者について、
　　課題1：情報提供の際の言語的調節に接触経験が影響するか。影響するとすれば、それはどのように表れるか。
　　課題2：情報受け取りの際の言語的調節に接触経験が影響するか。影響するとすれば、それはどのように表れるか。

そしてこれらの分析を通して、非母語話者とのコミュニケーションにおいて母語話者が接触経験を経てどのようなコミュニケーション方略を学習するのか、その変容を明らかにする。本研究で収集したデータの特徴については、第2章で詳述する。

5　本章のまとめ

本章では、本研究に関連する先行研究を、「接触場面とは」、「コミュニケーション・ストラテジーとフォリナー・トーク」、「日本語接触場面におけるフォリナー・トーク研究」、「日本語接触場面におけるフォリナー・トーク研究の分析対象」の4つの観点から概観し、本研究の位置づ

けを述べた。

　次章ではデータの収集方法、分析方法を含めた本研究の研究方法について述べる。

注　[1]　参与者のどちらかが相手の言語を用いてコミュニケーションを行う場面、つまり参与者が母語話者と非母語話者となる場面。
　　[2]　参与者の双方が自分の言語ではなく第三者の言語を使用する非母語話者同士の場面。
　　[3]　どちらの参加者も第一言語を使用するが、その他の規範（社会言語学的規範、社会文化規範）が異なる場面。例えば、アメリカ人とイギリス人によるコミュニケーションなど。
　　[4]　「フォリナー・トーク」の略。
　　[5]　Negotiation of meaning。コミュニケーション上の問題が発生した際に、中間言語話者がその問題の解決のために行う意識的調整。
　　[6]　一二三（2002）は文脈をあらかじめ設定され、固定されたものとしてではなく、相手の反応などに応じて絶えず変化するものとして、対話者の違い、学習環境、会話の目的、日本語レベルを文脈として設定した。

第2章 研究方法

　第1章では接触場面に関する先行研究を概観し、それらの示唆と課題を指摘した。本章では、本研究が収集するデータの特徴、およびデータ収録の概要、本研究の研究方法について述べる。

1 収集するデータ

　第1章（4.4）で、これまでの日本語接触場面研究が対象としてきたデータの課題を指摘した。その課題とは、「コミュニケーション場面全体の言語面と意識面を関連させた分析が少ない」、「母語話者の接触経験が分析結果に与える影響が十分考慮されておらず、フォリナー・トークとティーチャー・トークが混在している」、「コミュニケーションの目的が明確でないため、母語話者の言語行動が十分に明らかになっていない」、「情報やりとりの際の母語話者の与え手としての言語行動、受け手としての言語行動が総合的に明らかになるようなデータが少ない」、の4点である。
　そこで本研究では、上述の課題を解決するために、次のような特徴を持つデータを収集することとした。

（1）　コミュニケーション場面全体の言語行動面と意識面を関連させて論じるためのデータ
（2）　日本語教育の経験を持たない母語話者の接触経験を考慮したデータ
（3）　コミュニケーションの目的が明確なデータ
（4）　母語話者のコミュニケーションにおける役割が明確なデータ

以下に（1）〜（4）のデータについて詳述する。まず、上記（2）（3）（4）について述べ、最後に（1）について述べる。

1.1　日本語教育の経験を持たない母語話者の接触経験を考慮したデータ

まず、「日本語教育の経験を持たない母語話者の接触経験を考慮したデータ」について述べる。

従来の研究では、日本語教育の知識や経験を持つ母語話者（日本語教師、ボランティア日本語教師、日本語教育を専門に学ぶ学生など）が調査対象に含まれていることが多かった。しかし、彼らは非母語話者が日常的に接する母語話者のうちのほんの一部であり、「教える者」「教えられる者」という非対称的な関係性を持つという点で、一般の母語話者とは異なる性質を持つと考えられる。そのため、これまでの研究では、一般の母語話者の接触場面でのふるまいを十分に明らかにすることはできない。

また、先行研究では接触経験の長短や接触経験の質によって、そのふるまいに差が現れることが指摘されているが、一般の母語話者とその接触経験に着目した研究は未だ少ないのが現状である。

そこで本研究では、以下の条件で調査協力者を選定することとした。

条件1：日本語教育の経験を持つ母語話者を除外する
条件2：接触経験が多い母語話者と接触経験が少ない母語話者を選ぶ
条件3：接触経験以外の差は統制する

まず、条件1によって、日本語教師、日本語教育を専門的に学ぶ学生、ボランティア教師を除外した。

次に、条件2では、接触経験の多い母語話者を「親しい外国人の友人がおり、ふだんから外国人と日本語で接触する機会が多い母語話者」、接触経験の少ない母語話者を「外国人と接触する機会がほとんどない母語話者」と設定した。

加えて、条件3で、接触経験以外の要因がデータに及ぼす影響を抑えるため、属性と性別の比率、非母語話者との親疎関係を一定にそろえることとした。

この条件によって選定した調査協力者について、表2-1にまとめる。

表2–1　調査協力者選定の条件

条　件			接触経験	
			多い	少ない
1	日本語教育に関する経験（教授歴など）		×	×
			×	×
2	接触経験	外国人の友人	○	×
		日本語での接触機会	○	×
3	性別	男	5名	5名
		女	5名	5名
	属性		大学院生	大学生 大学院生
	非母語話者との親疎関係		初対面	初対面

　接触経験の多い母語話者の条件は、「親しい外国人の友人がおり、ふだんから外国人と日本語で接触する機会が多い母語話者」である。「日本語で接触する」ということは、接触する相手は、「日本語で意思疎通が十分に可能な日本語能力を備えた外国人」である。そのため、非母語話者グループを選定するにあたり、ふだん、接触経験の多い母語話者が接しているであろう非母語話者と同等の日本語能力を備えていると思われる中級後期から上級の日本語学習者女性5名を選定した。

　以下、接触経験の多い母語話者グループについて1.1.1で、接触経験の少ない母語話者グループについて1.1.2で、非母語話者グループについて1.1.3で説明する。

1.1.1 接触経験の多い母語話者

　接触経験の多い母語話者グループは10名（男性5名、女性5名）で、全員大学院生である。事前に質問紙調査を実施した結果、全員が親しい外国人の友人がおり、ふだんから外国人と日本語で接触する機会は多いが、日本語教授歴等はないと回答した。質問紙調査の結果を表2–2に示す。

　なお、接触経験の多い日本語母語話者グループについて、以下、NS-E（Native Speaker-Experienced）と表記し、NS-Eの構成員については、以下、nsEA〜nsEJと表記する。

表2-2 NS-Eの属性

		nsEA	nsEB	nsEC	nsED	nsEE	nsEF	nsEG	nsEH	nsEI	nsEJ
性別		女	男	女	男	女	男	女	男	女	男
年齢		34	24	25	28	23	30	23	34	23	23
所属（専門）		地域研究	地域研究	地域研究	地域研究	地域研究	地域研究	地域研究	地域研究	地域研究	地域研究
出身		東京都	鹿児島県	千葉県	山梨県	岡山県	山口県	静岡県	山形県	愛知県	鹿児島県
会話（外国語）	頻度	週一回	週一回	毎日	ほとんどなし	毎日	週一回	ほとんどなし	週3～4	毎日	月一回
	量	あいさつ	たくさん	たくさん	ほとんどなし	たくさん	あいさつ	ほとんどなし	あいさつ	あいさつ	あいさつ
会話（日本語）	頻度	毎日	毎日	毎日	週一回	週一回	週一回	毎日	毎日	毎日	毎日
	量	たくさん	たくさん	たくさん	たくさん	たくさん	たくさん	日常会話	日常会話	あいさつ	たくさん
外国人の友達（人数）	とても親しい	4～5	1	3	4	3	3	1	1		
	親しい	10		5				5	1	3	3
	あいさつ程度	?		?				10	5		
日本語教育関連授業の履修		有	無	無	無	無	無	無	無	無	無
日本語教授歴		無	無	無	無	無	無	無	無	無	無

さらに、外国人と日本語で話す際に気をつけていることがあるかどうか質問したところ、10名中7名が「相手が理解していないようだったら他の表現で言い換えるようにしている」「わからなさそうなときはゆっくり、簡単な言葉で話す」「相手が間違った使い方をしていたときは直してあげる」など、外国人と日本語で話す際に何らかの配慮をしていると回答した。

1.1.2　接触経験の少ない母語話者

　接触経験の少ない母語話者グループは10名（男性5名、女性5名）で、大学生5名、大学院生5名である。NS-Eと同様、事前に質問紙調査を実施した結果、全員が外国人との日本語での接触はほとんどなく、日本語教授歴等もないと回答した。質問紙調査の結果を表2–3に示す。質問項目はNS-Eと同じである。

　なお、接触経験の少ない日本語母語話者グループについて、以下、NS-N（Native Speaker - Non experienced）と表記し、NS-Nの構成員については以下、nsNA〜nsNJと表記する。

表2-5 NS-Nの属性

		nsNA	nsNB	nsNC	nsND	nsNE	nsNF	nsNG	nsNH	nsNI	nsNJ
性別		女	男	女	男	女	男	女	男	女	男
年齢		21	24	20	23	21	23	21	22	20	23
所属（専門）		比較文化	環境科学	比較文化	数理物質科学	生物	理工学	図書館情報	教育	比較文化	数理物質科学
出身		神奈川県	神奈川県	鳥取県／埼玉県	愛知県	北海道	千葉県	神奈川県	茨城県	岡山県	茨城県
会話(外国語)	頻度	ほとんどなし	ほとんどなし	ほとんどなし	ほとんどなし	ほとんどなし	ほとんどなし	ほとんどなし	ほとんどなし	ほとんどなし	ほとんどなし
	量	*	*	*	*	*	*	*	*	*	*
会話(日本語)	頻度	ほとんどなし	ほとんどなし	ほとんどなし	ほとんどなし	ほとんどなし	ほとんどなし	ほとんどなし	ほとんどなし	ほとんどなし	ほとんどなし
	量	*	*	*	*	*	*	*	*	*	*
外国人の友達（人数）	とても親しい	*	*	*	*	*	*	*	*	*	*
	あいさつの程度	*	*	*	*	*	*	*	*	*	*
日本語教育関連授業の履修		無	無	無	無	無	無	無	無	無	無
日本語教授歴		無	無	無	無	無	無	無	無	無	無

また、接触経験の多い母語話者グループはNS-E、接触経験の少ない母語話者グループはNS-Nと表記するが、母語話者グループ全体について述べるときは、NSと表記する。本研究では以下、「母語話者」は調査協力者を含む母語話者全般を指し、「NS」は母語話者の調査協力者全体、「NS」のうち、「NS-E」は接触経験の多い母語話者グループ、「NS-N」は接触経験の少ない母語話者グループを指す。

1.1.3 非母語話者

　接触経験の多い母語話者NS-E、接触経験の少ない母語話者NS-Nと会話録音調査を行う非母語話者は5名で、全員女性である。日本滞在歴は全員1年未満で、母語はタイ語、ロシア語、中国語、韓国語（朝鮮語）である。

　旧日本語能力試験1級合格者が4名、2級合格者が1名いるが、全員、関東圏某大学留学生センター日本語コースにおいて、中級後期から上級前期レベルの学生対象のコースをデータ収録時の2002年3学期または2003年1学期に履修しており、5名の非母語話者の会話レベルはほぼ同等と認められた。非母語話者の属性を表2-4に示す。

　なお、非母語話者グループについて、以下NNS（Non Native Speaker）と表記し、NNSの構成員については、以下、nnsA～nnsEと表記する。また、NSと同様、「非母語話者」は調査協力者を含む非母語話者一般を指し、「NNS」は非母語話者の調査協力者全体を指す。

表2-4　*NNSの属性*

	性別	年齢	国籍	母語	日本滞在歴	日本語学習歴	旧日本語能力試験
nnsA	女	27	タイ	タイ語	8か月	5年	1級
nnsB	女	20	ウズベキスタン	ロシア語	10か月	3年10か月	2級
nnsC	女	29	中国	中国語	9か月	7年	1級
nnsD	女	23	韓国	韓国語	9か月	4年	1級
nnsE	女	24	中国	朝鮮語	10か月	4年9か月	1級

　ただし、第3章に限っては、分析の枠組みを設定するために接触経験

の有無を問わずに記述する。よって、個人を識別する「nsEA」、「nsNA」、「nnsA」などは使用せず、母語話者は識別記号のない「ns」、非母語話者も識別記号のない「nns」と表記する。

1.2 コミュニケーションの目的が明確なデータ

次に、「コミュニケーションの目的が明確なデータ」について述べる。コミュニケーションの目的が明確なデータを収集するにあたり、以下のような条件を設定した。

条件4：お互いに持っている情報を伝え合い、1つの情報を完成させる「情報のやりとり」をコミュニケーションの目的とする

会話の目的はさまざまであるが、いずれの会話においても、何らかの情報が参加者間でやりとりされる。そこで、本研究では情報のやりとりに焦点を当て、コミュニケーションの目的として設定する。さらに本研究では、できる限り単純化された情報やりとりの過程を観察するために、配慮表現が用いられる「依頼」や「断り」などの談話、interactional function（人間関係を構築し維持することに主眼が置かれるような言語運用）（Brown and Yule 1983）の性格が強い「雑談」（尾崎1996）、話し手・聞き手以外の談話上の役割が出現する「多人数会話」（大場2012）などは除外し、1対1の情報やりとりに特化した「インフォメーションギャップタスク」を行うこととする。

インフォメーションギャップタスクは「目的性の高い会話（結論を出す必要のある会話）」（一二三2002）とされ、情報共有という目的を設定することによって、母語話者と非母語話者が情報共有までに行う言語行動の過程を観察することができると考える。

次に、本研究で行うインフォメーションギャップタスクの具体的な内容を説明する。

1.2.1 インフォメーションギャップタスクの流れ

本研究で行ったインフォメーションギャップタスクは、短編コメディ「Mr. Bean」（全5分程度）の前半部分をNSに、後半部分をNNSに別々に

見せた後、お互いが持っている情報を会話を通じてやりとりしてもらい、共有するというタスクである。この会話タスクの最終目的は、会話終了後に前半部分と後半部分を合わせた全体のあらすじをNSとNNSが別々に書くことである。NSとNNSが個別に全体のあらすじを書くという目的を設定したのは、やりとりした情報をもとに1人で内容全体を再構成しなければならないというタスクを課すことで、会話中に真に情報を伝え合う必要性を埋め込むことができると考えたからである。

1.2.2　インフォメーションギャップタスクに使用した資料

インフォメーションギャップタスクに使用した短編コメディ「Mr. Bean」は (1)「The Dentist - Trouble with Mr. Bean」、(2)「Exam - Mr. Bean」、(3)「The Ride Home - Do It Yourself, Mr. Bean」、(4)「Holiday - Mr. Bean Rides Again」の4作品である。

「Mr. Bean」はイギリスで製作されたコメディ番組である。使用言語は英語であり、どの調査協力者とも母語は異なっている上、今回使用した「Mr. Bean」4作品はほとんど言語に頼らず、ジェスチャーで表現されているため、言語の影響は少ないと言える。また、登場人物が多いことによって情報伝達が煩雑にならないように、今回使用した4作品の登場人物は、主人公であるMr. Beanを含めて1人か2人である。また、作品の長さはそれぞれ5分程度で、情報の時間的長さや複雑さを検討した結果、全体の情報量に大きな差はないと判断した。また、データ収録後に、使用した作品の難易度について、5「とても話しやすかった（簡単だった）」から1「とても話しにくかった（難しかった）」の5段階で調査協力者に評価してもらった（表2-5、表2-6）。一元配置の分散分析を行った結果、NSには有意差が見られず、NNSは有意傾向が見られた（表2-7、表2-8）。NNSに関しては作品番号（1）の話しやすさが若干低かったことが影響していると言えるが、本研究で分析の対象とするのはNSであり、NSに関しては作品の難易度の差はないと考えられる。

表2-5　NS作品難易度評価

作品番号	平均	分散
(1)	4.6	0.3
(2)	4.4	0.3
(3)	4.2	0.2
(4)	4.2	0.2

表2-6　NNS作品難易度評価

作品番号	平均	分散
(1)	3.4	0.3
(2)	4	1
(3)	4	1
(4)	4.8	0.2

表2-7　NS作品難易度評価：分散分析

要因	分散	F値
グループ間	0.18	0.73_{ns}

表2-8　NNS作品難易度評価：分散分析

要因	分散	F値
グループ間	1.65	$2.64†$

ns: not significant, † $p<.10$, *$p<.05$, **$p<.01$ n=5

　それぞれの作品のあらすじを表2-9に示す。「＊＊＊＊＊」は、前半部分と後半部分の境界である。前半部分と後半部分は時間的に同じ長さになるように設定されている。タイトルの（　）内は作品番号、あらすじ内の数字は、あらすじの流れを示す情報番号である。

表2-9　使用した作品のあらすじ

---

(1) The Dentist - Trouble with Mr. Bean

① Beanが歯医者に行く。
② 歯医者の器具でいたずらを始める。（いすを操作する）
③ いたずらを続ける。（つば吸い込み用器具でうがい用の水を吸い込む）
④ 麻酔注射をされたあとも、いたずらを続ける。（麻酔用注射器を隠す）
⑤ 隠した注射が運悪く歯医者に刺さり、歯医者は気を失って倒れる。
＊＊＊＊＊＊＊＊＊＊
⑥ どうしても虫歯を治したいBeanは、自分で治療をする。
⑦ Beanの虫歯は1箇所だけだったが、虫歯のボードは透明で、上下左右がわからなかったため、Beanは4箇所を治療したが、薬を塗りすぎて、口が開かなくなってしまった。
⑧ 歯医者が意識を取り戻し、驚いたBeanはその拍子に口を開けられるようになった。
⑨ 歯医者がBeanをにらみつけた。

(2) Exam - Mr. Bean
① 試験が始まるが、Beanはまったく問題がわからない。
② 他に問題がないか探してみるが、見つからない。
③ 1回目：隣の学生の気をそらして別の方向を向かせて答案を写すが、相手がまちがいに気づき、解答用紙を捨ててしまったため、失敗。

****

④ 2回目：隣の学生に少しずつ気づかれないように近づいて答案を見ようとするが、肩がぶつかってしまい、失敗。
⑤ 3回目：答案を裏返しにされてしまったため、息を吹きかけてカンニング。見つかって失敗。
⑥ 4回目：答案を遠くに置かれたため、鉛筆をその方向に投げて机の下からカンニング。見つかって失敗。
⑦ 試験官ににらまれてどうしようもなくなったBeanは、最後に「マミー!!」と叫んで机にうつぶせになった。

(3) The Ride Home - Do It Yourself, Mr. Bean
① Beanは家具屋でいすを購入するが、いすが大きすぎて車に入らない。
② そこで、いすを車の上に載せて、いすの上からデッキブラシを使って車を運転できるように工夫する。
③ 始めは快調なドライブだったが、運悪く下り坂に入ってしまった。

****

④ Beanは一生懸命車をコントロールしてブレーキをかけようとするが、デッキブラシの先がはずれてしまい、ブレーキがかけられなくなってしまった。
⑤ 警官がその様子を見て驚く。
⑥ 車はまだとまらない。
⑦ 運良く坂道に大きなトラックが止まっており、車はそのトラックの荷台に突っ込んで止まった。
⑧ 中からふとんの羽根が大量に出てきた。

> (4) Holiday - Mr. Bean Rides Again
> ① Beanは旅行の準備でスーツケースに荷物を詰め始めるがスーツケースが小さいためうまくいかず、荷物を減らし始める。
> ② バスタオルをぞうきんにかえる。
> ③ スリッパの片方だけを入れる。
> ④ 缶詰を2缶減らす。
> ⑤ 毛布を小さなタオルに変更。
> ⑥ 下着を減らす。
> ⑦ 水着もトランクスタイプではなく、ブリーフタイプを選択。
> ⑧ パンツを1つだけにし、その上に石鹸をのせる。
> ⑨ 6枚のアロハシャツから1枚を選ぶ。
> **********
> ⑩ 歯ブラシの先を折り、歯磨き粉をほとんど捨てる。
> ⑪ ズボンが長すぎて入らないので短く切るが、短いズボンを発見して驚く。
> ⑫ かわいがっているテディベアの首を切るかどうか迷うが、結局切らずにスーツケースに入れる。
> ⑬ しかし、聖書が入らない。ベッドの下の大きいスーツケースに気づき、愕然とするが、あきらめて小さいほうを大きいほうに入れて出かける。

1.3 母語話者のコミュニケーションにおける役割が明確なデータ

次に、「母語話者のコミュニケーションにおける役割が明確なデータ」について述べる。

本研究では、できる限り単純化した情報やりとりの過程を観察できるデータを収集するため、以下のような条件を設定した。

> 条件5：1つの会話において、母語話者が情報の与え手の役割と受け手の役割を両方担う会話を収集する
> 条件6：母語話者が情報の与え手として情報を提供している場面と受け手として情報を受け取っている場面が明確な会話を収集する

条件5、6を満たす会話を収集するために、1.2.1で述べたように、短編コメディ「Mr. Bean」（全5分程度）の前半部分と後半部分をNSとNNSに別々に見せた後、お互いが持っている情報を、会話を通じてやりとりし、共有するというタスクを実施した。

まず、前半部分をNSに、後半部分をNNSに別々に2回ずつ見せ、内

容を記憶するように指示した。会話を行う前に、まず、ビデオの前半部分を視聴したNSがNNSに情報を提供し、その後、ビデオの後半部分を視聴したNNSがNSに情報を提供するように伝え、それ以外の指示は行わなかった。このように映像資料の進行に沿って情報を提供する部分と情報を受け取る部分を分けることで、情報の与え手と受け手の役割が明確で、できる限り単純化した情報やりとりのデータを収集することができる。

以上、日本語教育の経験を持たない母語話者が情報やりとりの際に使用するコミュニケーション方略に接触経験の差が影響を与えるかを分析するために6つの条件を設定して収集した会話データについて述べた。

本研究では以下、NSがNNSに情報を提供している場面を「情報やり場面」、NSがNNSから情報を受け取っている場面を「情報とり場面」と呼ぶ。また、「情報やり場面」において用いられているコミュニケーション方略を「情報やり方略」、「情報とり場面」に用いられているコミュニケーション方略を「情報とり方略」と呼び、「情報やりとり」全体に用いられているコミュニケーション方略を「情報やりとり方略」と呼ぶこととする。

1.4　コミュニケーション場面全体の言語行動面と意識面を関連させて論じるためのデータ

最後に、「コミュニケーション場面全体の言語行動面と意識面を関連させて論じるためのデータ」について述べる。

従来の接触場面の研究においては、言語行動面だけが分析の対象となっていたり、意識面の分析が行われていたとしても、コミュニケーション上の問題が起きた箇所に焦点が当てられることが多かった。よって、コミュニケーション場面全体を対象として、言語行動面と意識面を関連させて論じる研究はまだ少ないと言える。しかし、接触経験の多寡が母語話者のコミュニケーション方略に与える影響を考察するためには、母語話者の言語行動面だけでなく、母語話者、非母語話者それぞれの意識面の分析も必要である。

そこで、本研究は、会話収録後に質問紙調査を実施し、母語話者、非母語話者双方の情報やりとりに対する意識的側面についても分析の対象

とすることとした。

　質問紙の作成にあたっては、母語場面と接触場面では意識面に差があることを指摘した一二三（2002）の質問紙をもとに修正を加え、栁田（2002）が分析した接触経験の多寡が影響すると考えられる項目について、言語調整面、会話運用面、自己表現面、情意面の4つの側面から抽出し、質問項目とした。また、意識面について情報やり場面と情報とり場面を分割して観察するために、質問項目も情報やり場面と情報とり場面に分けて設定した。

　NS発話に対する意識調査は、NSだけでなくNNSにも実施し、NSの自己評価と対話者であるNNSのNSに対する評価の両面から意識面を分析する。NSに対する質問項目を表2-10に、NNSに対する質問項目を表2-11に示す。

　NSに、表2-10の24項目に対して、それぞれ5段階評価で自己評価してもらった。評定値5は「そのようにした」、評定値1は「全然そのようにしなかった」という評価である。つまり、評定値が高いほど、質問項目の行為を意識的に行ったということである。

　NNSには表2-11の20項目について、NSと同じように1〜5の5段階で評価してもらった。NNSの質問項目は、NSの発話についてNNSがどのように感じたかを評価するもので、評定値5は「そう思う」、評定値1は「ぜんぜんそう思わない」という評価である。つまり、評定値が高いほど、NNSはNSが質問項目の行為をよく行っていたと感じたということである。

　このNSとNNSの意識調査の結果は単独で分析するだけでなく、NSの言語行動の分析結果と照らし合わせ、NSのふるまいを多面的に分析するための資料とする。

表2-10　NSに対する質問項目

<u>あなたがビデオの前半部分の内容を話していたとき</u>　（←情報やり場面）
相手の日本語のレベルに応じて、自分の話し方を調節した。
　　1.→ゆっくり話した。
　　2.→相手が理解しにくいと思う語彙を避け、簡単な語彙を選んで話した。
　　3.→文法的に正しく話した。
　　4.→ですます体で話した。
　　5.→相手が、あなたが言ったことを理解できないと判断したとき、
　　　　その言葉を別の言葉に言い換えた。
6. リラックスした雰囲気を作った。
7. 自分の感情を抑えて話した。
8. 積極的に話した。
9. 相手が理解しているか、注意しながら話した。
10. 相手が、自分の話を多少理解できない様子でも、気にしなかった。
11. 相手を楽しませた。
12. 流行語・俗語は使わなかった。

<u>あなたがビデオの後半部分の内容を聞いていたとき</u>　（←情報とり場面）
1. 相手の発話を促すために、質問を多くした。
2. 相手の話を聞いていることを示すためにうなずいたりあいづちを多くした。
3. リラックスした雰囲気を作った。
4. 相手の話の内容が多少理解できなくても、追求しなかった。
5. にこやかにした。
6. 相手の感情・感じていることをくみとった。
7. 相手がもたもた話していても、途中で口をはさまず最後まで聞いた。
8. つまらなくてもおもしろそうにした。
9. 自分の感情は抑えた。
10. 相手の発話について、自分の感想を積極的に述べた。
11. 相手が適切な言葉を見つけられないとき、援助した。
12. 相手の発話についての自分の理解が正しいか、確認した。

表2-11　NNSに対する質問項目

> ビデオの前半部分の内容を日本人が話していたとき、<u>日本人</u>は、
> （↑情報やり場面）
> 1. ゆっくり話した。
> 2. かんたんな言葉を使って話した。
> 3. 文法的に正しく話した。
> 4. ですます体で話した。
> 5. あなたが日本人が言ったことを理解できなかったとき、別の言葉で言い換えた。
> 6. あなたが理解していなくても、気にしなかった。
> 7. 積極的に話した。
> 8. あなたが理解しているか、注意しながら話した。
> 9. リラックスした雰囲気を作った。
> 10. あなたを楽しませた。
>
> あなたがビデオの後半部分の内容を話していたとき、<u>日本人</u>は、
> （↑情報やり場面）
> 1. たくさん質問した。
> 2. あいづちが多かった。
> 3. リラックスした雰囲気を作った。
> 4. あなたの話がわかっていなかった。
> 5. にこにこしていた。
> 6. あなたの話を最後までよく聞いた。
> 7. あなたがこまったとき、助けた。
> 8. あなたの言葉をくりかえしたり、まとめたりした。
> 9. あなたの気持ちがよくわかっていた。
> 10. 自分の意見をたくさん話した。

2　データ収録の概要

本節では、収録調査の概要を述べる。

2.1　データ収録の流れ

前節で述べたように、本研究では接触場面における母語話者と非母語話者の情報共有の過程を母語話者の情報やり場面と情報とり場面に分けて観察するために、母語話者と非母語話者がお互いに持っている情報を相手に伝え合い、1つの情報を完成させるインフォメーションギャップタスクを実施した。

会話は個人の属性や親疎関係などの待遇レベルの影響を考慮し、同年

代のNSとNNSの初対面ペアで行った。データ収録は2003年6月に実施した。収録を行った部屋は、マジックミラーを通して隣室から室内を観察できるようになっており、筆者は隣室から会話の様子を観察した。データ収録の手順は以下のとおりである。

　まず、筆者が初対面のNSとNNSを紹介し、お互いの自己紹介の後、緊張を和らげるために数分間の自由会話時間を設けた。次に、短編コメディ「Mr. Bean」（全5分程度）の前半部分をNSに、後半部分をNNSにそれぞれ2回ずつ見せ、内容を記憶するように指示した。その際、メモは自由にとってもよいが、会話の際はメモを見ないように伝えた。ビデオ視聴後、会話収録前に、お互いにできるだけ詳しく情報を伝え、わからないことがあったら遠慮せずに何でも相手に質問すること、緊張せず友達に話すようにリラックスして話すように伝え、筆者が退室後、会話を始めるよう指示した。会話の進め方については、まず、ビデオの前半部分を視聴したNSがNNSに情報を提供し、その後、ビデオの後半部分を視聴したNNSがNSに情報を提供するように伝え、それ以外の指示は行わなかった。筆者は会話の様子をマジックミラー越しに観察し、情報の共有が終了したと判断した時点で収録の部屋に入室し、会話を終了してもらった。会話終了後、NSとNNSに別々にあらすじを書いてもらった後、最後に、意識調査のための質問紙に記入してもらい、データ収録は終了した。

　なお、NNSにはNSの接触経験に関する情報は一切与えなかった。つまり、NNSは会話の相手が接触経験の多いNS-Eなのか、接触経験の少ないNS-Nなのか、まったく知らずに会話を行ったということである。また、NSに対しては、特にNNSとの会話に慣れていないNS-Nの接触場面会話に対する不安を軽減するため、NNSの日本語レベルは安心して会話ができる程度であることを伝えたが、その他のNNSの日本語能力に関する情報は与えなかった。よって、NSは、データ収録時の会話を通じてNNSの会話能力を推し量りながら会話を進めていったことになる。

　このことから、調査から得られた資料に関する分析の結果に、調査協力者の会話相手に対する接触経験や日本語レベルなどについての事前知識は影響していないものと考える。

2.2 調査協力者と作品の組み合わせ

調査協力者の組み合わせと作品の組み合わせを表2–12に示す。調査協力者は、1人のNNSがNS-Eの2名（女性1名、男性1名）、NS-Nの2名（女性1名、男性1名）、計4名と会話するように組み合わせた。NNSの学習効果を避けるために、作品はすべて異なるものを使用し、会話を行う順番もランダムに設定した。また、作品についてはNS-EとNS-N間で偏りがないように組み合わせた。なお、表中の数字は使用した作品番号である。

表2–12　調査協力者の組み合わせと使用作品の組み合わせ

	nnsA		nnsB		nnsC		nnsD		nnsE	
NS-E	nsEA	(1)	nsEC	(1)	nsEE	(2)	nsEG	(3)	nsEI	(4)
	nsEB	(2)	nsED	(2)	nsEF	(1)	nsEH	(4)	nsEJ	(3)
NS-N	nsNA	(3)	nsNC	(3)	nsNE	(4)	nsNG	(1)	nsNI	(2)
	nsNB	(4)	nsND	(4)	nsNF	(3)	nsNH	(2)	nsNJ	(1)

会話資料はそれぞれ5分から10分程度で、NS-EとNNSの会話を10、NS-NとNNSの会話を10、合計20の会話を録音・録画した。本研究では、録音した音声データを分析の対象とする。

3 研究方法

本節では、収録調査で得られたデータの文字化方法と、分析手法について述べ、本研究の研究手順と方法について詳述する。

3.1 分析手法

3.1.1 会話分析と談話分析

会話の分析には、いくつかの手法が存在する。

1960年代から70年代にかけてエスノメソドロジーを出発点として、Sacks、Schegloff、Jeffersonなどが提唱し、社会学の分野で発展してきた「会話分析（Conversation Analysis：CA）」もその1つである。会話分析は、コミュニケーションにおける「相互行為」の原理を解明する研究であり、

会話の構造を明らかにしていこうとするものである（林2008）。日常の自然な会話データが分析対象とされ、1つ1つの発話や発話連鎖が詳細に分析される。厳密な会話分析では量的な比較は行われず、会話参加者の意識的な面についての調査も行われない。

一方、会話の研究には、相互作用の中で発話が果たす機能あるいは役割に焦点を当てたものもあり、このような研究では話者の情報処理過程、心理状態の他、発話権の管理を分析するものがある（林2008）。このような会話の方略として使われるさまざまな行為や言語表現については、「談話[1]分析（Discourse Analysis）」において分析され、関連領域である社会学、語用論、心理言語学などにおいてもこの手法が用いられている。

会話分析においては、非常に詳細な発話の分析により、会話の構造パターンが明らかにされる。一方、談話分析においては、会話分析の手法を一部取り入れながらも、その他の関連領域の手法（社会学におけるフォローアップインタビュー、心理学における実験手法など）も扱い、多方面からの分析を行っていると言える。

3.1.2 本研究で用いる分析手法

談話分析について、会話分析の立場からの批判がないわけではない（森2004）が、本研究は、接触場面の情報やりとりにおいて母語話者が用いるコミュニケーション方略を解明することが目的である。

また、接触経験の多寡が言語行動に及ぼす影響を探るためには接触経験の多いグループと少ないグループを設定して比較を行う、接触経験や会話の役割など条件を統制した実験的な会話データを収録する、言語行動面と意識面との関連を検討するために質問紙調査を行うなどの必要がある。よって本研究では、接触場面におけるできる限り単純化された情報のやりとりを記述し、かつ、今後の研究の基盤となるようなデータを提示するために、談話分析の手法を用いて分析を行うこととする。

3.2 会話の文字化方法

会話の文字化にあたって、ザトラウスキー（1993）とBTSJ（Basic Transcription System for Japanese）（宇佐美1997）を参考にし、本研究の目的に沿うように修正したものを文字化の方法として用いた。基本的な記述方法は以

下のとおりである。

(1) 改行
　基本的に話者交代のときに行う。ただし、あいづちの場合、話者の発話に重なる短い、小声のあいづち（ええ、ええ、ふーん等）は、それが相互作用において、相手の話を聞いているということを示す以上の積極的な機能を持たない限り、（　）に入れて、発話中の最も近いと思われる場所に挿入する。ただし、あいづちの中でも、発話者の発話と重ならないものや、理解や感嘆を示すなどの積極的な機能を持っていると判断されるものは、改行して1行とる。

(2) 表記形式
　表記形式は漢字かな混じり文である。しかし、複数の読み方があるもの（「今日」、「明日」など）はひらがなで表記し、漢字で表記したほうがわかりやすいもの、地名、複数の読み方があるものを漢字で表記した場合は、漢字表記の後にその読み方をひらがなで' 'に入れた。

(3) 文字化記号

記号	説明
…	語尾が言い淀んだような形になり、文法的には、文が中途で終了した形になっているもの。
?	上昇イントネーションを表す。必ずしも疑問文を表すとは限らない。
ー	伸ばされた音。
/ / // //	同時発話されたものは、重ねられた発話は、/ /でくくり、また重ねたほうの発話は、// //でくくる。
(　)	短く、特別の意味を持たない「あいづち」は、発話者の発話中の最も近い部分に、(　)にくくって入れる。
,	不自然ではない間。
/秒数/	話のテンポの流れの中で、少し「間」が感じられた際は、/少し間/として記すが、原則として、1秒以上の「間」は、沈黙として、その秒数を左記のように記す。沈黙自体が何かの返答になっているような場合は一発話として扱うが、基本的には、沈黙後に誰が発話したのかが同定できるように、沈黙を破る発話のラインの冒頭に記す。
###	聞き取り不能であった部分にこの記号を付ける。その部分の推測される拍数に応じて、#マークを付ける。

[ ]	周辺言語情報。その発話がなされた状況が、できるだけわかりやすくなるように、音声上の特徴（アクセント、イントネーション、声の高さ、大小、速さ等）のうち、特記の必要があるものや、非言語情報などを記しておくようにする。笑いながら発話したものや、笑い等は、[ ] の中に、[笑いながら]、[二人で笑い] などのように説明を記す。笑い自体が何かの返答になっているような場合は、1ラインとるが、基本的には、笑いを含む発話中か、そのラインの最後に記す。
' '	複数読み方があるものを漢字で表す場合は、その読み方をひらがなで ' ' に入れて示した。

（4）発話の分類と集計

文字化したデータを、その機能別に分類する。分類基準の詳細については第3章で詳しく述べる。集計にあたり、一発話内に複数の機能が認められる場合は、別々に集計を行った。

3.3　研究の手順と方法

本研究は、第1章で述べた「課題1」（情報提供の際の言語的調節に接触経験が影響するか。影響するとすれば、それはどのように表れるか）と「課題2」（情報受け取りの際の言語的調節に接触経験が影響するか。影響するとすれば、それはどのように表れるか）を探索的に明らかにするために、(1)「分析の枠組み」を設定し、(2)「情報やり方略」と「情報とり方略」に接触経験が与える影響を分析する。そして、(3) 日本語教育の経験を持たない母語話者の「情報やりとり方略の学習モデル」を構築し、(4)「母語話者に対する日本語での情報やりとり支援に向けた提案」を行う。以下、それぞれの手順について述べる。

3.3.1　分析の枠組み

第3章において、本研究の分析の枠組みを設定する。

まず、会話データを用いて、接触場面の情報やりとりにおいてコミュニケーションの参加者が行う発話を発話機能別に分類し、情報やり場面と情報とり場面の特徴を明らかにする。ここでは接触経験の差には注目せず、母語話者全体の傾向を明らかにし、情報やり場面と情報とり場面の特徴づけを行う。

ここで明らかにした情報やり場面と情報とり場面の特徴をもとに「発

話カテゴリー」を設定し、第4章、第5章の分析の枠組みとして用いる。

3.3.2　情報やり場面と情報とり場面の分析

　まず、会話データを分析の枠組み設定の際に分類した発話機能別に集計し、統計処理を行う。接触場面を扱った研究では、これまで、意味交渉にその主眼が置かれてきた。つまり、母語話者と非母語話者とが相互の理解を促し、コミュニケーション上の問題を未然に防ぎ、問題が起こった場合にはその問題を修復するためにどのような相互作用を行うかが分析の中心であった。確かに、意味交渉は会話の一部ではあるが、接触場面における母語話者の非母語話者との情報共有の過程を明らかにするためには、母語話者の言語行動の全体を観察する必要がある。よって、NS-EとNS-Nの言語行動全般における差を明らかにするために、すべてのNS-E発話とNS-N発話における各発話機能の発話数に注目して統計的に分析し、情報やり方略と情報とり方略に接触経験が与える影響を探る。

　次に、統計的分析結果を補うために、情報やり場面と情報とり場面の談話構造や前後の発話との関連性についてさらに質的に分析する。これまでの日本語接触場面の研究は、発話の形式の分類、各発話機能の出現頻度などが分析の中心（村上1997, 増井2005など）で、会話の流れや内容面など、会話参加者による相互作用全体を扱った研究はあまり多くない。しかし、会話は参加者による相互作用によって成り立っており、会話の流れや内容を相互作用の面から分析することも重要である。そこで、本研究では、NS-EとNS-Nの差を各発話機能の出現数からだけでなく、談話構造やNNSの発話との相互作用の面からも分析する。

　さらに、NSとNNSに対して行った質問紙調査の結果についても統計的に分析を行う。これまでの接触場面の研究では、言語行動面だけが分析の対象となっていたり、意識面の分析が行われていたとしても、コミュニケーション上の問題が起きた箇所に焦点が当てられることが多かった。そのため、コミュニケーション場面全体を対象に言語行動面と意識面を関連させて論じる研究はまだ少ないと言える。だが、接触経験の多寡が母語話者のコミュニケーション方略に与える影響を考察するためには、母語話者、非母語話者それぞれの意識面の分析が必要である。そこ

で、タスク終了後に実施した質問紙調査から得られたNSの自己発話に対する意識、NNSのNS発話に対する意識面の分析を行う。質問紙調査の目的は、会話資料からは読み取れない意識面におけるNS-EとNS-Nの差を明らかにすることである。分析は、情報やり場面、情報とり場面それぞれの質問項目に対する5段階評価をもとに、その結果を統計的に分析し、NS-EとNS-Nの差について考察するとともに、言語行動面との関連を分析する。

以上述べたように、本研究において、発話の分析（統計的分析と質的な分析）と意識面の分析は、それぞれ独立したものではなく、相互に補完し合い、関連性を持つものである。

これらの分析を通して、日本語教育の経験を持たない母語話者の接触場面におけるふるまいの実態とともに、接触経験が母語話者のふるまいに与える影響を明らかにする。

3.3.3　母語話者の情報やりとり方略の学習モデルの構築

言語行動の分析（統計的分析と質的な分析）と意識面の分析を通じて、日本語教育の経験を持たない母語話者が接触経験を通じて学習する情報やりとり方略の学習モデルを構築する。この学習モデルの構築によって、母語話者のコミュニケーションにおける調節の学習過程の一端を明らかにする。

3.3.4　母語話者に対する日本語での情報やりとり支援に向けた提案

ここまでの議論で得られた知見を活用して、日本語教育の経験を持たない母語話者に対して行う、非母語話者との日本語コミュニケーション支援のための具体的な提案を行う。

3.3.5 本研究の全体図

以上をまとめた本研究の全体図を図2-1に示す。

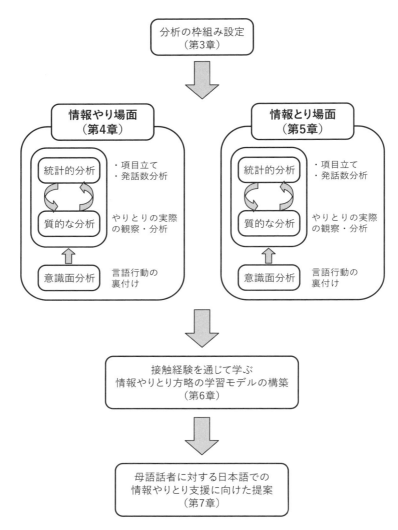

図2-1　本研究の全体図

まず、第3章で「分析の枠組み」を設定する。その枠組みをもとに、第4章では「情報やり方略」に接触経験が与える影響を、第5章では「情報とり方略」に接触経験が与える影響を言語行動について統計的、質的に分析する。さらに、意識面、言語行動面と意識面の関連も分析する。そして、第6章では、第4章と第5章の分析結果をもとに日本語教育の経験を持たない母語話者の「情報やりとり方略の学習モデル」を構築し、第7章で「母語話者に対する日本語での情報やりとり支援に向けた提案」を行う。

4 ｜ 本章のまとめ

　以上、本研究が収集したデータの特徴、データ収録の概要、および本研究の研究方法について述べた。

　本研究では、先行研究では十分に明らかになっていなかった日本語教育の経験を持たない母語話者の情報やりとり方略を探索的に明らかにするため、(1)コミュニケーション場面全体の言語面と意識面を関連させて論じるためのデータ、(2)日本語教育の経験を持たない母語話者の接触経験を考慮したデータ、(3)コミュニケーションの目的が明確なデータ、(4)母語話者のコミュニケーションにおける役割が明確なデータを収録した。

　本研究では以下、会話データの分析の枠組みを設定し（第3章）、会話データの言語行動の分析（統計的分析と質的な分析）と、意識面の分析を相互補完的に行って、母語話者の接触場面における情報やりとりのコミュニケーション方略に接触経験が及ぼす影響を探索的に明らかにする（第4章、第5章）。そして、日本語教育の経験を持たない母語話者が接触経験を通じて学習する情報やりとり方略の学習モデルを構築し（第6章）、最後に、母語話者に対する非母語話者とのコミュニケーション支援のあり方について考察する（第7章）。

注 [1] 「談話」は、「使用された言語そのもの」(Brown and Yule 1983)や、「何らかのまとまりのある意味を伝える言語行動の断片」(メイナード1997)、「コミュニケーションを行うための言語の運用プロセス」(砂川2005)などとされ、話し言葉と書き言葉双方を含んで定義されているものが多い。

第3章 ┃ 分析の枠組み

　本章では第4章（情報やり方略）・第5章（情報とり方略）の分析のための枠組みを設定する。本研究では浦他（1986）、一二三（2002）の「発話カテゴリー」を修正して分析の枠組みとして用いる。本章では本研究で用いる発話カテゴリー設定の過程を述べ、設定した「発話カテゴリー」の妥当性の検討を行う。

1 ┃ 先行研究における発話カテゴリー

1.1　発話カテゴリー（浦他 1986）

　浦他（1986）は、会話においてやりとりされる発話について、話し手と受け手両者の認知過程における機能から解釈するための枠組みを提示している。

　浦他（1986: 36）は、会話の参加者は「お互いの持つ情報を提供し合うことによってそれらを共有し、それら共有された情報をもとに発話のやり取りを行いながら、何らかの目標に近づく」としている。浦他（1986）によれば、会話は以下のようにカテゴリー化される。

　会話者はある時点で他者と共有している情報の量が、認知された何らかの目標に接近するのに十分なものであるか否かを判断し、その結果不十分であると判断されたなら、共有する情報量を増大させるために、方向づけ（Orientation : OR）と情報（Information : INF）をいずれか、あるいは双方ともに行う。ORは「要求」の形で行われ、より詳しい状況を求めるCentral orientation（C）と他の情報に移るPeripheral orientation（P）に分けられる。INFは自己の持つ情報を聞き手と共有するための発話で、聞き手が持っていない情報であるNew Information（IN）、聞き手の既有知識

内に存在するものであるOld Information（IO）がある。この2種類の発話が情報を共有するための発話（Protocol for Sharing Information : IS）である。

共有された情報は、次に合成・加工（ Protocol for Processing Information : IP）される。IPには、意見（Opinion : OP）と評価（Evaluation : EV）がある。以上をまとめたものが表3-1である。

表3-1　*Protocol categories*（浦他 1986）

Protocol for Sharing Information（IS）
Orientation（OR）
Central Orientation（C）
Peripheral Orientation（P）
Information（INF）
New Information（IN）
Old Information（IO）
Protocol for Processing Information（IP）
Opinion（OP）
Rational Opinion（OPR）
Emotional Opinion（OPE）
Evaluation（EV）
Positive Evaluation（EP）
Negative Evaluation（EN）

1.2　一二三（2002）による発話カテゴリーの修正

浦他（1986）は、日本語母語話者同士の会話の分析から、会話を会話の参加者による情報の共有と合成・加工ととらえ、発話の分類カテゴリーを提案した。一二三（2002）は浦他（1986）の発話カテゴリーをもとに、日本語母語話者と非母語話者の接触場面における発話内容面の処理の差異をより明瞭に表せるように、発話カテゴリーに修正を加えた。修正の内容は以下のとおりである。

まず、接触場面の会話に多く見られた相槌（NSP）と無反応（NR）を上位カテゴリーに追加した。次に、情報共有（IS）の下位カテゴリーとして、方向づけ（OR）の代わりに情報要求（Q）を設けた。また、情報共有（IS）の下位カテゴリーに、接触場面会話の記述において重要な過程である意味交渉（NM）を追加した。一二三（2002）の発話カテゴリーを表3-2に示す。

表3–2　発話カテゴリー（一二三 2002）

情報の共有（IS：Sharing Information）
　情報要求（Q：Question）
　情報提供（INF：INFormation）
　意味交渉（NM：Negotiation of Meaning）
情報の合成・加工（IP：Processing Information）
　意見（OP：OPinion）
　評価（EV：EValuation）
相槌（実質的内容なし）（NSP：Not Sharing nor Processing）
無反応（沈黙）（NR：Non Reaction）

*アルファベット大文字はコーディング記号

　一二三（2002）の発話カテゴリーには、「情報の共有」、「情報の合成・加工」、「相槌（実質的内容のない発話）」、「沈黙を含めた無反応」が上位カテゴリーとして設定されている。さらに、「情報の共有」の下位カテゴリーとして「情報要求」、「情報提供」、「意味交渉（何らかの原因で会話が中断したとき、相手に聞き返したり、自分の理解をチェックしたりする相互交渉）」が、「情報の合成・加工」の下位カテゴリーとして「意見（共有された情報に関して自己の情報を論理的に関連づける発話）」、「評価（共有された情報に対して自己の情報を情緒的に関連づける、反応的な発話）」が設けられている。

　本章では以下、一二三（2002）の発話カテゴリーにもとづいて会話データの分析を進め、接触場面における情報やりとりの過程を記述するための発話カテゴリーを設定する。

2　本研究における発話カテゴリーの設定

　以下、接触場面における情報やりとりの過程を記述する発話カテゴリーについて、上位カテゴリー、中位カテゴリー、下位カテゴリーの順に設定していく。

2.1　発話カテゴリー設定のためのデータと分析方法

　接触場面における情報やりとりの過程を記述する発話カテゴリーの設定にあたり対象としたデータは、データ収録（第2章）によって収集されたNSデータである。男女各10名のNSがNNS5名（女性）と1対1で情報

やりとりのインフォメーションギャップタスクを行っている会話の音声データを分析対象とする。

本章の目的は、会話データの分析から、接触場面の情報やりとりにおいてコミュニケーションの参加者が行う発話をカテゴリー別に分類し、情報やり場面と情報とり場面の特徴を明らかにすることである。ここでは接触経験の差には注目せず、NSの情報やりとりの発話を分析し、情報やり場面と情報とり場面の特徴づけを行う。

2.2 発話カテゴリー別集計結果

発話カテゴリーの集計にあたり、収録データを文字化し、一ターンを一発話として発話数を集計した。集計の結果、母語話者の発話ターン総数は情報やり場面が1217、情報とり場面が1111であった。表3-3に一二三（2002）のカテゴリーに従って集計した、NS（NS-E、NS-N含む）の発話における情報やり場面と情報とり場面の各カテゴリー別発話数を示す。

会話データにおいて情報共有過程部分のみに着目した結果、発話カテゴリーのうち、情報の合成・加工は出現せず、無反応も見られなかった。よって、本データでは一二三（2002）の上位カテゴリーのうち「情報の共有」と「相槌」が使用されていたことになる。

表3-3　各発話カテゴリー別集計結果

		情報やり	情報とり
情報の共有	情報要求	1	53
	情報提供	702	4
	意味交渉	415	404
情報の合成・加工	意見	0	0
	評価	0	0
相槌		99	650
無反応		0	0

2.3 「情報の共有」カテゴリーの設定

一二三（2002）の「情報の共有」の下には「情報要求」、「情報提供」、

「意味交渉」が設定されている。まず、それぞれについて述べ、次に新たに設定する「共有表明」について述べる。

2.3.1　情報要求（Q：Questions）
「情報の共有」の「情報要求」は次のような発話である。

〈例3-1〉　情報要求
→　　nns　前半の内容，ちょっと説明してもらえませんか[1][2]

トピックに関する新情報を相手から引き出すための発話。ここでは、nnsがnsに対して、視聴したビデオの内容について情報を提供するよう要求している。

2.3.2　情報提供（INF：INFormation）
「情報提供」は、トピックについて自分が持っている情報を相手に与える発話である。ここでは、nsがnnsに対して、視聴したビデオの内容に関する情報を提供している。

〈例3-2〉　情報提供
→　　ns　//えーとー//まず，設定が，あのーテスト会場なんですよね，テストを，受けるところでー，でーそこでーそのーそのミスタービーンと，隣に，ま，このクラスメイトかわかんないですけど，もう1人受験者がいてー，

2.3.3　意味交渉（NM：Negotiation of Meaning）
意味交渉とは、何らかの原因で会話が中断、もしくは中断が予測されるときに、その中断を修復・予防するための発話であり、これまでの研究からさまざまな意味交渉の方法が明らかになっている（Scarcella and Higa1981, Long1983a, 村上1997, 増井2005など）が、会話データの情報やりとり場面を分析した結果、以下の10項目が観察された。以下、発話例とともに示す。

（1）訂正（EC：Error Corrections）
　言語形式および内容に関して相手の不適切な言い回しを訂正する発話。〈例3-3〉では、「近寄っていく」という表現が適切な箇所で、nnsが「動いていって」という表現をしようしたため、nsが「近寄っていって，はい」と暗にnnsの発話の訂正を行っている。

〈例3-3〉　訂正
　　　　nns　　　　動いていっ /て…/
→　　ns　　　　　　　　//近//寄っていって, /はい/

（2）共同発話（CU：Collective Utterance）
　会話の相手が適当な語彙や表現を探せないでいるときなどに、聞き手がその言葉を予想して、相手の発話を引き取って、代わりに発話して完成させる発話。〈例3-4〉では、nnsが次の言葉を探しているような様子で少し発話速度を落としながら発話しているのを受けて、nsが「うん，いろいろ遊んでいる」と、相手の発話を予測して代わりに発話している。nsの予測が妥当であったことは、次のnnsの「はいー, 遊ん, でいて」という発話から推測できる。

〈例3-4〉　共同発話
　　　　nns　　//お医者さん, //歯医者さんがー, 準備をしているあい, とき, 間にー, /あ, ミスタービーンは…/
→　　ns　　//うん, いろいろ遊んでいる//
　　　　nns　　はいー, 遊ん, でいて,

（3）確認チェック（CON.C：CONfirmation Checks）
　情報の与え手の発話を受け手が正しく理解しているかどうか、受け手自身が与え手に確認する発話。与え手の発話があいまいであったものを受け手自身が言うことによって、あるいは質問形式で確認したり、受け手が与え手の発話の全部、または一部を繰り返したりして、与え手の発話に対する自分の理解を確認する。受け手側は与え手からの情報に関して自分なりの理解があった上で、それが正しいかどうかを確認する。

〈例3-5〉ではnsが、nnsの「下からー」という言葉について、「下?」と繰り返すことで、nnsに自らの理解が正しいかどうかを確認している。

〈例3-5〉 確認チェック
  nns そう思って，だからもう［笑いながら］，下からー，/ん/
→ ns   //下?//
  nns ほ，下，うん/うん/

(4) 明確化要求（CR : Clarification Requests）
 情報の受け手が与え手の発話を理解できないときやよく聞こえないときに、相手に発話を明確にするように要求する発話。Open questionの形をとることが多い。確認チェックと異なる点は、受け手側には自分なりの理解がないままに与え手の発話を要求するという点である。〈例3-6〉では、nnsはnsの「ぬいぐるみ」という単語を繰り返し、「ぬいぐるみって?」と聞き返すことによって、nsに「ぬいぐるみ」の意味がわからなかったこと、もしくは聞き取れなかったことを示し、説明を要求している。

〈例3-6〉 明確化要求
  ns ぬいぐるみ，ぬいぐるみー，ぬいぐるみは彼のお気に入りのぬいぐるみなんですかね?
→ nns ぬいぐるみって?

(5) 承認（AC : ACknowledgements）
 相手の推測や問いかけに肯定的返答を与える発話。相手の確認チェックに対してよく用いられ、「そうそう」「そうです」などの表現が用いられる。〈例3-7〉ではnnsが、nsからの理解確認に対して肯定している。あいづちとは異なる発話である。

〈例3-7〉 承認
  ns でまあそれでいろいろ考えて，でその後半に（はい），その，いろんな作戦をやったってことです/よね?/
→ nns   //そうそう//

第3章 分析の枠組み

(6) 否認（NR : Negative Responses）
相手の推測や問いかけに否定的返答を与える発話。相手の確認チェックに対してよく用いられる。〈例3-8〉でnsはnnsからの情報内容の確認に対して、(5) の承認とは逆に、発話内容を否定している。

〈例3-8〉 否認
  ns で，こう書き写そうとして，か，書いたっていうようなところで，隣の人がー，その最初書いてた?その，ミスタービーンがカンニングをしちゃった，その紙を，こう丸めて捨てちゃうんですうしろに投げちゃう
  nns あ，主人公，マスタービーンがその紙を，後ろに捨て，/ちゃ…/
→ ns   //あ，//ではなくってー，

(7) 理解チェック（COMP.C : COMPrehension Checks）
相手が自分の話を理解しているかどうか、確認する発話。Long (1983a) によれば、このような理解の確認は、コミュニケーションの破綻を回避するための方略であり、普通の母語話者同士の会話よりも接触場面においてその頻度が高いとされている。〈例3-9〉では、nsが「歯医者さん」という単語をnnsが理解したかどうかを、「わかりますか?，歯医者さん」と発話することで確認している。

〈例3-9〉 理解チェック
  ns 歯医者さんです
  nns はい，/歯医者さん/
→ ns   //わかりますか?，//歯医者さん
  nns はい，/わかります/

(8) 自己発話の修正（SM : Self Modifications）
自分の発話を、相手の理解を促進するために、相手の要求によって、または自発的に別の言葉に言い換えたり、要約したり、説明したりする発話。相手の要求による発話修正と相手の要求によらない自発的な発話修正のどちらも自己発話の修正として扱う。〈例3-10〉で、nsは一度、

「吸引器」という単語を発しているが、nnsの反応を受けて、「吸引器」を「バキューム」に言い直している。さらに、nnsから「音が出る、その機械?」と聞かれ、「つばとかをこうクーっと取る」と再度言い換えている。

〈例3-10〉 自己発話の修正
 ns ん，で，そのとき，彼は，口を開けて，で，先生はその口をあの，キューっと吸い取る，えっとー，なんていうんですかね，<u>吸引器</u>っていうー，
 nns 吸引器，あなんか，/音ー，/
→ ns   //バキューム// っていうんですね?
 nns 音が出る，その機械?
 ns え，あの，つばとかをこうクーっと取る，

(9) 反応要求（RR：Reaction Requests）
自分の発話に対する相手の反応を要求する発話。本研究では三宅(1996)の「確認要求的表現」に、明らかに質問の意味はないが上昇イントネーションなどを伴って相手に何らかの反応を要求していると考えられる発話を加え、「反応要求」とする。〈例3-11〉でnsはnnsに情報を提供している途中で、nnsに自分の発話が聞き取れているか、理解できているかどうかを表明するよう、上昇イントネーションを使って促している。

〈例3-11〉 反応要求
 ns かんづめを，最初4つぐらい入ってたのをー，2つに減らして，
 nns あはい
→ ns であとこんなに大きかったタオル?
 nns ん
 ns たぶんね，海かどっかに行くんだと思うんだけど，
 nns ん
 ns こんなおっきいタオルもー，
 nns 半分
→ ns そ，いや，それがね（[笑い]），こんなおっきくてどうしようって思ってるときにー，こうよ，横の洗面台?
 nns ん

ns　　のとこにこんなちっちゃななんかぞうきんみたいなのがあってー

（10）発話遂行困難表明（DP：Expressions of Difficulty Performing）
　適切な語彙や表現が見つからないときに、発話の遂行が困難であることを表明する発話。〈例3-12〉でnnsは「歯磨き粉」と言いたかったのだが、言葉が見つからず、間を入れたり、「なんか」を使って発話遂行が困難であることを示したり、何度か言葉を言い直したりした後、「あれなんと言うんですか?」と述べ、明示的に発話遂行が困難な状態を示している。

〈例3-12〉　発話遂行困難表明
→　nns　うん，それとー，/少し間/うん，/3秒/と，それで，なんか，ううー，それを全部入れては，はみはみ，歯磨きじゃない，あれなんと言うんですか。

2.3.4　共有表明（SE）

　一二三（2002）の「情報の共有」の下には「情報要求」、「情報提供」、「意味交渉」が設定されている。一方、発話資料から一二三（2002）のカテゴリーに分類されない「わかりました」「大丈夫です」などの発話が情報やり場面で3発話、情報とり場面では22発話観察された。浦他（1986）は、情報の合成・加工（意見・評価）は、情報の共有後に行われるとしている。そのため、情報を共有したことを表す「わかりました」「大丈夫です」などの発話は、情報の合成・加工（意見・評価）とは異なり、カテゴリーに分類することができないことになる。
　ここで、本データで「情報共有」以外に観察された発話カテゴリーである「あいづち」に注目したい。一二三（2002）はあいづちを「実質的内容のない発話」としているが、堀口（1997）は、あいづちは、「話し手が発話権を行使している間に、聞き手が話し手から送られた情報を共有したことを伝える表現」であるとしている。「わかりました」「大丈夫です」などの発話は、あいづちと同じように話し手から送られた情報を共有したことを伝える表現であり、しかもその積極性はあいづちよりも強いと考えられる。
　よって本研究では、一二三（2002）の発話カテゴリーを修正し、「情報

の共有（IS）」の「情報要求」「情報提供」「意味交渉」に加えて、「共有表明（Expressions of Sharing information：SE）」のカテゴリーを設定する。このうち、情報の共有を伝えるあいづち詞を使用した発話を「あいづち」とし、情報の共有をより積極的に伝える発話を「理解表明」とする。

(1) あいづち（BC：Back Channels）
　相手に聞いていることを伝える、わかったということを伝える、話の進行を助ける発話。本研究では「あいづち詞」を使用した発話のみを扱い、堀口（1997）があいづちとしている相手の発話の繰り返し、言い換え、先取りは含めない。

〈例3-13〉　あいづち
　　　nns　じゃこっちが悪いかもしれないから，
→　　ns　ああー
　　　nns　吸引器こうもとって，
→　　ns　ええ
　　　nns　また，なんか数えてて，あ，も，こっちだ，か，またやっていて，
→　　ns　ん
　　　nns　薬をぬ，塗，っていて，
→　　ns　はい
　　　nns　で終わったらー，
→　　ns　ん
　　　nns　今度はなんか上下？キュッと，下に行っちゃっ（［笑い］）たんです

(2) 理解表明（CE：Comprehension Expressions）
　あいづち詞以外の言語形式を伴って、相手の発話を理解したことを積極的に表す発話。〈例3-14〉でnsは、「あ，はい，わかりました，わかりましたよ」、「大丈夫です」、「伝わってます」などの表現を用いて、nnsに情報を理解したことを表明している。

〈例3-14〉　理解表明
　　　ns　で戻ってきてー，えと，しかたなくてどうしようかどうしようか，って

```
             やってるところで，終わ，/終わ…/
       nns                          //あ，ん，//泣き出し，/たと思う/
       ns                                           //泣き,//泣き出して，
             この###
       nns   あ，これ，もーーう，マーッ，と言いながら 〈笑い〉
       ns    あそこで，それで，終わ，終わったんですね?
       nns   あ，はい
→      ns    あ，はい，わかりました，わかりましたよ
       nns   あ
→      ns    大丈夫です
       nns   ［笑い］
→      ns    伝わってます
       nns   ［笑い］
```

 以上を踏まえ、本研究における接触場面の母語話者の情報やりとりの発話カテゴリーは、まず、一二三（2002）のカテゴリーから「情報の合成・加工」と「無反応」を除いた「情報要求」、「情報提供」、「意味交渉」、「共有表明」（あいづちと理解表明）を設けることとする。表3-4に以上をまとめた情報やりとりの発話カテゴリーを示す。

表3-4　接触場面における母語話者の情報やりとりの発話カテゴリー

	発話カテゴリー	発話機能
情報の共有	情報要求（Q）	情報要求（Q）
	情報提供（INF）	情報提供（INF）
	共有表明（SE）	あいづち（BC）
		理解表明（CE）
	意味交渉（NM）	訂正（EC）
		共同発話（CU）
		確認チェック（CON.C）
		明確化要求（CR）
		承認（AC）
		否認（NR）
		理解チェック（COMP.C）
		自己発話の修正（SM）
		反応要求（RR）
		発話遂行困難表明（DP）

最上位のカテゴリーとして「情報の共有」、次のカテゴリーとして「情報要求」、「情報提供」、「意味交渉」、そして新たに設定した「共有表明」が並び、それぞれに対応した発話機能が含まれる。

2.4　場面別の発話カテゴリーの設定

　次に、表3-4の発話カテゴリーとそれぞれに対応した発話機能にもとづいて情報やり場面と情報とり場面の特徴を明らかにする。まず、各発話カテゴリー（「情報要求」、「情報提供」、「意味交渉」、「共有表明」）の発話数を比較する。表3-4のカテゴリーに従って情報やり場面と情報とり場面別に発話カテゴリー別の発話数を集計した。その結果を表3-5に示す。

表3-5　発話カテゴリー別集計結果

	情報要求	情報提供	共有表明	意味交渉
情報やり	1	702	99	415
情報とり	53	4	650	404

　情報やり場面と情報とり場面で、各発話カテゴリーの発話数に偏りがあるかを見るために表3-5についてχ^2検定を行った結果、統計的に有意な偏りがあることがわかった（$\chi^2(3)=1146.176$、1%水準）。そこで、どの項目がこの有意性に貢献したのかを判定するため、残差分析を行った（表3-6）。その結果、情報やり場面では情報提供が多く出現するのに対し、情報とり場面では情報要求、共有表明が多く出現することが明らかになった。一方、意味交渉の発話数に関しては、有意差は見られなかった。

表3-6　残差の一覧表

	情報要求	情報提供	共有表明	意味交渉
情報やり	-7.50**	30.05**	-25.99**	-1.14 ns
情報とり	7.50**	-30.05**	25.99**	1.14 ns

ns: not significant, † p<.10, *p<.05, **p<.01

　以上の結果から、情報やり場面、情報とり場面において母語話者が使用する発話カテゴリーは、表3-7のようにまとめられる。

表3-7 情報やり場面と情報とり場面の発話カテゴリー

	場面	カテゴリー
情報の共有	情報やり	情報提供（INF） 意味交渉（NM）
	情報とり	情報要求（Q） 共有表明（SE） 意味交渉（NM）

　発話カテゴリー別の発話数集計結果（表3-5、表3-6）から、情報やり場面と情報とり場面での意味交渉の発話数に差は見られなかった。しかし、両場面において出現した意味交渉に含まれる各発話機能についてはどうだろうか。そこで次に、意味交渉の発話機能別集計結果から、情報やりとり場面で現れる意味交渉の発話カテゴリーの特徴を分析する。

2.5　下位カテゴリーの設定：意味交渉

　ここでは、発話カテゴリー「意味交渉」の発話機能別集計結果から、情報やりとり場面で現れる意味交渉に含まれる発話の特徴を分析する。

　これら意味交渉の発話機能10項目について、情報やり場面、情報とり場面それぞれの発話数の集計結果を上位から順に示したものが表3-8である。

表3-8　意味交渉の発話機能別集計結果

情報やり場面			情報とり場面		
順	発話機能	発話数	順	発話機能	発話数
1	自己発話の修正	191	1	確認チェック	270
2	反応要求	76	2	共同発話	75
3	承認	60	3	自己発話の修正	22
4	理解チェック	47	4	明確化要求	15
5	確認チェック	17	5	承認	14
6	共同発話	10	6	訂正	4
7	訂正	4	7	理解チェック	3
8	明確化要求	4	8	反応要求	1
9	否認	4	9	発話遂行困難表明	0
10	発話遂行困難表明	2	10	否認	0

表3-8から明らかなように、情報やり場面と情報とり場面において使用される意味交渉の方法には明らかな違いが見られた。

　情報やり場面において、NSはNNSに理解してもらうために、NNSの要求に応じて、または自発的に自己発話の修正を行ったり、NNSから発話内容の理解確認が行われた際には、承認で応答したりしている。さらに、NNSが情報の内容を理解しているかどうかについて理解チェックによって直接的に確認したり、反応要求によって間接的に確認したりしていることがわかる。

　そこで、情報やり場面の意味交渉の下位カテゴリーとして、以下の2項目を設ける。まず、非母語話者の理解を促進するために行われる自己発話の修正と承認・否認について、「非母語話者のための理解促進」とする。相手からの理解確認に対して、それが正しい場合は肯定（承認）するが、間違っている場合は否定（否認）する。否認は上位には入っていないが、相手からの理解確認に対する応答という機能を持つと考えられるので、承認と否認を同グループに分類する。次に、非母語話者の理解を確認するために行われる理解チェックと反応要求は「非母語話者の理解チェック」とする。

　一方、情報とり場面において、NSはNNSからの情報を自分が正しく理解しているかどうか確認チェックをしたり、明確化要求によってあいまいな部分を明らかにするよう努めていることがわかる。また、NNSが適切な言葉を見つけられずに困っているときは、共同発話を用いてNNSに対して発話を援助していると言える。

　そこで、情報とり場面の意味交渉の下位カテゴリーとして、以下の2項目を設ける。まず、非母語話者の発話内容について母語話者側が自分の理解が正しいかどうか確認する確認チェックと明確化要求は母語話者自身の理解を促進することを目的としているため、「母語話者自身の理解促進」に分類する。また、非母語話者が困っているときに援助する共同発話を「非母語話者に対する援助」とする。

　「意味交渉」に含まれる「訂正」は、本調査の会話データでは4例しか出現しなかった。また、「発話遂行困難表明」は、NNSの発話には観察されたものの、NSの発話には出現しなかった。そのため、この2項目については情報やりとりの意味交渉の発話カテゴリーから除くこととする。

以上から、情報やり場面、情報とり場面で母語話者が使用する意味交渉の方法は、表3-9のようにまとめられる。

表3-9　情報やりとり場面における意味交渉の下位カテゴリーと発話機能

場面		発話カテゴリー		発話機能
情報の共有	情報やり	意味交渉（NM）	非母語話者のための理解促進	自己発話の修正（SM） 承認（AC） 否認（NR）
			非母語話者に対する理解確認	理解チェック（COMP.C） 反応要求（RR）
	情報とり	意味交渉（NM）	母語話者自身の理解促進	確認チェック（CON.C） 明確化要求（CR）
			非母語話者に対する援助	共同発話（CU）

　一二三（2002）の発話カテゴリーに実際の会話の分析結果をもとに修正を加え、「接触場面における母語話者の情報やりとりの発話カテゴリー」を次項のように設定する。

2.6　本研究における発話カテゴリー

　前項までの分析結果をもとに、本研究の分析の枠組みとなる「接触場面における母語話者の情報やりとりの発話カテゴリー」を表3-10のとおり設定する。

　まず、最上位のカテゴリーとして「情報の共有」がある。次に「情報の共有」を「情報やり場面」と「情報とり場面」の場面別に見ると、中位のカテゴリーとして「情報やり場面」には「情報要求」と「意味交渉」が、「情報とり場面」には「情報提供」、「共有表明」、「意味交渉」が設定される。そして、「意味交渉」にはさらに下位カテゴリーとして、「情報やり場面」に「非母語話者のための理解促進」と「非母語話者に対する理解確認」が、「情報とり場面」に「母語話者自身の理解促進」と「非母語話者に対する援助」が設定される。各発話カテゴリーに対応した発話機能は表3-10内の「発話機能」に示すとおりである。

表3-10　接触場面における母語話者の情報やりとりの発話カテゴリーと発話機能

場面		発話カテゴリー		発話機能
情報の共有	情報やり	情報提供（INF）		情報提供（INF）
		意味交渉（NM）	非母語話者のための理解促進	自己発話の修正（SM） 承認（AC） 否認（NR）
			非母語話者に対する理解確認	理解チェック（COMP.C） 反応要求（RR）
	情報とり	情報要求（Q）		情報要求（Q）
		共有表明（SE）		あいづち（BC） 理解表明（CE）
		意味交渉（NM）	母語話者自身の理解促進	確認チェック（CON.C） 明確化要求（CR）
			非母語話者に対する援助	共同発話（CU）

では、ここで実際の会話を見てみよう。【会話3-1】【会話3-2】は、作品（2）Examを見たns（母語話者）とnns（非母語話者）の会話である。【会話3-1】は、作品の前半部分を視聴したnsが、nnsに情報を提供している部分である。左から発話番号、発話者、発話、最右列にこれまでに設定した発話カテゴリーに対応する発話機能を略号で示す。

【会話3-1】　情報やり場面

番号	発話者	発話	発話機能
01	ns	はい	
02	nns	nsさん，さっきビデオ見たんですけど，わたし，わたしはなんか後半部分を見たんですけど，前の部分は，どんな話でしょうか？	
03	ns	とー，/少し間/ミスター，ま，ま最初にー，あの（はい），ミスタービーン，	INF
04	nns	はい	
05	ns	あの，主人公がー，こう，試験会場みたいなところでー，	INF
06	nns	はい	
07	ns	あのー，とこ，男の人と隣り合って座ってるんですね？	INF+RR
08	nns	はい	
09	ns	で，最初はー，あのー，試験中みたいな感じなんですけどー，	INF

10	nns	はい	
11	ns	その試験問題ではなくー，なんか，そばにあった緑色の紙とかを触ってー，こうきょろ，緑色の紙を見たりー，こう，ちょ，そ，そ，そ，その緑色の紙をいじってるんですね？	INF+RR
12	nns	そ/のさいさい…/ //いじー…，//	INF
13	ns	あー，いじ，	SM
14	nns	ってる…	
15	ns	いじ，さわってる，緑色の紙をー	SM
16	nns	はい	
17	ns	こう，触ってー，ながめたりとか，	SM
18	nns	はい	
19	ns	こうーその紙に息を吹きかけたりとかそういうーことをしてるんですね？最初	SM+RR
20	nns	はい	
21	ns	で，それから，あのーペンを持ってー，んと，試験，試験みたいな形だったんです	INF
22	nns	はい	
23	ns	そのし，今度，その最初は触ってたー緑色の紙じゃなくって，試験び，問題，みたいな緑色のあん，白色の紙？，	INF+RR
24	nns	はい	
25	ns	に向かってこう，なにかを書こうとするんですけどー，こう，あんまり集中してない様子でー，きょろきょろと，周りを見たりしてるんですね？してました　で，隣の人を見てたりもしてたんですよー	INF+RR
26	nns	は，あ，	
27	ns	で，その，主人公が？，	INF+RR
28	nns	はい	
29	ns	そ，隣の席に座ってー，/隣/の人を見たりしてたん/です/	INF
30	nns	//なんか，// //カンニング，///っていうんですか?/	
31	ns	//そう，カンニングをしよう//としたりとかしててー でも，こうカンニングをしようとしたときにー，隣の人と目が合っちゃってー，で，ばれそうになるんですね？ でも，彼はわからないからどうしようみたいな感じでー，隣の人のー，気をそらしてー，隣の人ーが試験問題ではなく，こう，違うほうを向くように，隣の人の気をそらして，隣の人が違うところを見てる間にー，カンニングをするんですよ	CON+SM INF+RR INF

32	nns	［笑い］	
33	ns	でー，それをこうワーって書き写そう，書き写してるんですね？	INF+RR
34	nns	はい	
35	ns	で，こう書き写そうとして，か，書いたっていうようなところで，隣の人がー，その最初書いてた？その，ミスタービーンがカンニングをしちゃった，その紙を，こう丸めて捨てちゃうんです	INF+RR
36	ns	うしろに投げちゃう	SM
37	nns	あ，主人公，マスタービーンがその紙を，後ろに捨て，/ちゃ…/	
38	ns	//あ，//ではなくってー，	NR
39	nns	はい	
40	ns	ミスタービーンの隣に座っていた人がー，	SM
41	nns	はい	
42	ns	投げるんですよ	SM
43	nns	あああああああ	
44	ns	だから，ミスタービーンはー，カンニングしたけどー，	SM
45	nns	はい	
46	ns	隣の人はそのカンニングされたものをー，結局投げちゃうんですよ，後ろに	SM
47	nns	ああー	
48	ns	それで前半が終わりですが	INF
49	nns	はい，ありがとうございました	
50	ns	いいえ	BC

　【会話3-1】を見るとわかるように、情報やり場面の中心は、母語話者から非母語話者への情報提供（INF：03, 05, 07, 09など）である。そして、母語話者は非母語話者の理解を助けるために自己の発話を修正したり（SM：13, 15, 17, 19など）、【会話3-1】には現れていないが、非母語話者からの確認に対して承認（AC）・否認（NR）を行って理解を促す。また、非母語話者が理解しているかどうかを確認したり（COMP.C）、聞いていることや理解していることを表明するよう要求したりする（RR：7, 11, 19など）。このように、情報やり場面は、情報の提供を中心にしながらも、決して一方向的ではなく、相手の理解を助けたり、確認したりするためのインターアクションが行われる場面であると言える。
　では次に、【会話3-1】の後続部分【会話3-2】を見てみよう。【会話3-2】は、作品の後半部分を視聴したnnsから、nsが情報を受け取ってい

る場面である。同じく左から発話番号、発話者、発話、最右列にこれまでに設定した発話カテゴリーに対応する発話機能を略号で示す。

【会話3-2】　情報とり場面

番号	発話者	発話	発話機能
51	ns	後半はどういう話でしたか？	Q
52	nns	後半は，なんか主人公，ミスタービーンは，なんかすごく，なんか鼻の音か，のどの音かなんかあんまり聞き取れなかったんですけどすごく音を出してー，なんか前に座っている監督ーが，そ，すごいなんか，厳しそうな顔にーすご，ミスタービーンを見て，となり，な，まわ，周りの人もね，彼を見ていてー，	
53	ns	んー	BC
54	nns	そし，ちょっとね，静かにしてって，でもたぶんできーなさ，そうな，感じしてて，隣の，人のなんか，答案？なんか答えを見ようと思っていて，でもなんか，ん，ちょっと離れていて無理な，	
55	ns	んーー	BC
56	nns	無理なんですけど，たぶんいすのほうをなんか，こう，こういう形で，移動して，なんか，移動すると，なんか，移動するときはなんか周りの人を見ていて，なか，けー，なんか，［少し間］#######，なんか，でもなんか移動ーしすぎて，なんか，隣の人にぶつかっていって，なんか，発見された？	
57	ns	あ，ああ	BC
58	nns	なんか注意されたか，なんかそんなすごく，怒りそうな顔で，なんか，ミスタービーンを見ていて，/しかた…/	
59	ns	//あそれはー //隣の人がミスタービーンを見たんですか？	Q
60	nns	/そうですね/	
61	ns	//ぶつかっ //ちゃったー	SM
62	nns	ぶつかったから，その/隣の人が，こう，ミスタービーン見て/いて，	
63	ns	//隣の人が，ミスタービーンを，あ//	CON.C
64	nns	ミスタービーンしかたがないから，なんか，前のところへ/移動…/	
65	ns	//戻って//	CON
66	nns	戻っていって，でも，なんとかできないので，なんか，隣の人はなんか1枚目もう終わっていて，なんか，ミスタービーンは右？あ，左のほうに座って（うん）いるから，だか，紙はこっちのほうへ置いといて，ミスタービーンこういう感じで，	

67	ns	ん		BC
68	nns	その紙を見ようと思っていた その人はすごく，なんか怒って，紙は，はん？		
69	ns	あ/あ，見えないように/		CON
70	nns	//なんかカン，見え//ないようにしていて（はい），なんか，こっちひざ？すん，こっちひざ，押/して/		
71	ns	//ひじ？//		CON+ CON.C
72	nns	あ，ひじで押していて，なんかミスタービーンは，ちょっと下がないんですけど，なんか顔を机に，と，ぶつかって，なんか息を？[息を吹く]，/そういう感じで，なんか，/		
73	ns	//ああ，息を吹きかけてー，紙//を…		CON
74	nns	紙をちょっ，/と飛ばしてー/		
75	ns	//ああ，はいはい//		BC
76	nns	か，その答えはなん，たぶん少し見えたかもしれないか，かきくけ，その自分の紙に/書いたん/です		
77	ns	//はいはい//		BC
78	nns	でもそのなんか動作ーは，なんか，うしろの人が見たかもしれない，		
79	ns	うん		BC
90	nns	ですけど，隣の人，気，気がついた，		
91	ns	うん		BC
92	nns	ので，その紙は向こう，反対側，右のー，/ところに移した/		
93	ns	//あ，右の側に置いた//		CON.C
94	nns	/はい/		
95	ns	//ええ//		BC
96	nns	でミスタービーンは今度は，なんか自分のペン，投げ，て，		
97	ns	うん		BC
98	nns	なんか，自，なんか自分ーに落ちたんですけど，ま，ペンを，拾そうな動作をしていて，なんか，その，隣の人のうしろをま，なんか，まわり通って，		
99	ns	うん		BC
100	nns	なんか，見ようと思ったときは（うん），また，見つかられたんです		
101	ns	うん		BC

102	nns	なんか,それ,なんか監督もたぶんなんかあの,注意,するような顔をしていて,立ってペンを上げて,わたしはペンを拾ってっという感じをしていて,しかたんなく,なんか,戻っ,てしまっ,たんです	
103	ns	あ,ペンを拾ったのは監督ーですか?ミスタービーンがー?	Q
104	nns	ミスタービーンは自分で,	
105	ns	ペンを落としてー…	CON
106	nns	落として,またなんか拾うーときは,なんかこう,隣の席をとりまわして,なんか,	
107	ns	うん	BC
108	nns	その向こうに置いといた答案?,	
109	ns	が見える	CON
110	nns	が見えー…	
111	ns	見えるような感じでー,こう/回っていく感じ?/	CON.C
112	nns	//はいはいはいはい//でもなんか見つかっ,たのでしかたなくペンを拾ってまた戻ってきてー,	
113	ns	あ,はいはい	BC
114	nns	なんか,カンニング失敗しちゃったので,	
115	ns	うん	BC
116	nns	なんか最後は,なんか,泣い,ちゃったんです,なんか,ママと言って	
117	ns	ああ,え,ミスタービーンが最後,泣いちゃったんですか?	CON.C
118	nns	はいはい	
119	ns	あ,そうなの[笑いながら]んー	BC
120	nns	だいたい,この,くらい,です	
121	ns	はい	BC
122	nns	わかりーますか?	
123	ns	はい?	CR
124	nns	なんかわかりましたか?	
125	ns	あ,はい,わかりました	CE
126	nns	説明がうまくできなくて,	
127	ns	ああ,/いえいえ/	BC
128	nns	//ごめんなさい//	

【会話3-2】を見るとわかるように、情報とり場面では母語話者が非母語話者に情報を要求し(Q:51,59)、聞いていることや理解したことを表明する(BC:53,55,57など・CE:125)。また、自身が非母語話者からの情報を正しく理解するように努め、理解を確認したり(CON.C:63,71,93な

ど)、より詳しい情報を与えるよう要求したりする (CR:123)。さらに、非母語話者が発話の遂行が困難な状態を示した場合は、言いたいことを予測して援助する (CON:65, 69, 71 など)。このように、情報とり場面は、決してただ聞いているだけではなく、自己の理解を深めたり、相手の発話を援助するためのインターアクションが現れる場面であると言える。

　以上、一二三 (2002) の「発話カテゴリー」を修正して、接触場面の情報やり場面と情報とり場面において母語話者が用いる発話のカテゴリーを設定した (表3-10)。

　次節では、本節で設定した発話カテゴリーの妥当性を検証する。

3 発話カテゴリーの妥当性の検討

　本研究では、日本語教育の経験を持たない母語話者の情報やりとりの方略に及ぼす接触経験の影響を分析するために、調査協力者の選定にあたって、第2章で示したように、接触経験以外の要因 (属性、親疎関係など) を一定の条件で統制した (表2-1参照)。しかし、性別に関しては、男性10名・女性10名と男女の比率は統制したが、男女で発話の傾向が異なる可能性も否定できない。よって本節では、性別によって発話機能に差が見られるか否かを分析し、前節で設定した発話カテゴリーの妥当性を検証する。

　まず、「接触場面における母語話者の情報やりとりの発話カテゴリー」 (表3-10) の分類に従って、発話機能別発話数の男女差を見るためにウィルコクスンの順位和検定[3]を行った (表3-11、表3-12)。

　検定の結果、情報やり場面、情報とり場面ともに発話カテゴリー別の発話数に差は見られなかった。

表3-11　情報やり場面発話カテゴリー別発話：ウィルコクスンの順位和検定

カテゴリー	性別	発話数	平均値（標準偏差）	p値
情報要求	女性	0	0 (0)	—
	男性	1	0.1 (0.3)	
情報提供	女性	337	33.7 (17.0)	0.508 ns
	男性	365	36.5 (11.0)	
共有表明	女性	50	5 (4.6)	0.678 ns
	男性	49	4.9 (7.4)	
意味交渉	女性	218	21.8 (17.4)	0.575 ns
	男性	197	19.7 (11.3)	

ns: not significant, †$p<.10$, *$p<.05$, **$p<.01$

表3-12　情報とり場面発話カテゴリー別発話：ウィルコクスンの順位和検定

カテゴリー	性別	発話数	平均値（標準偏差）	p値
情報要求	女性	37	3.7 (3.7)	0.114 ns
	男性	16	1.6 (1.3)	
情報提供	女性	3	0.3 (0.5)	0.361 ns
	男性	1	0.1 (0.3)	
共有表明	女性	298	29.8 (17.2)	0.333 ns
	男性	353	35.3 (19.4)	
意味交渉	女性	172	17.2 (9.0)	0.11 ns
	男性	232	23.2 (16.2)	

ns: not significant, †$p<.10$, *$p<.05$, **$p<.01$

　次に、意味交渉の発話機能別発話数に男女差が影響するかを見るために、ウィルコクスンの順位和検定を行った（表3-13、表3-14）。

　検定の結果、情報やり場面において、確認チェックについては男性が女性より多く使用する傾向があることがわかった。

　しかし、確認チェックは、全体の発話数集計結果では出現数が少なく、情報やり場面の意味交渉の分類に含まれていないため、カテゴリーの設定上は考慮する必要がない。よって、この結果は情報やり場面の意味交渉の発話カテゴリーの分類（表3-10）を覆すものではないと考えられる。

　一方、情報とり場面においては有意差が見られなかったことから、分

類の妥当性を認めることができるだろう。

以上の結果から、男女間においては情報やり場面の確認チェックの使用傾向に若干の差が見られるものの、全体としては意味交渉の発話機能の分類（表3-9）に沿ったものであるということができる。

以上を踏まえ、次節で接触場面における母語話者の情報やりとりの発話カテゴリーをまとめる。

表3-13　情報やり場面の意味交渉発話：ウィルコクスンの順位和検定

発話機能	性別	平均値	（標準偏差）	p値
訂正	女性	0.3	(0.67)	0.41ns
	男性	0.1	(0.32)	
共同発話	女性	0.8	(1.32)	0.40 ns
	男性	0.3	(0.67)	
確認チェック	女性	0.2	(0.42)	0.06 †
	男性	1.5	(1.84)	
承認	女性	1.3	(1.83)	0.21 ns
	男性	3.1	(5.78)	
否認	女性	0.3	(1.03)	0.41 ns
	男性	0.1	(0.32)	
明確化要求	女性	0.2	(0.42)	0.48 ns
	男性	0.9	(5.78)	
理解チェック	女性	2.3	(3.4)	0.73 ns
	男性	2.4	(2.17)	
自己発話の修正	女性	11.5	(13.49)	0.36 ns
	男性	7.5	(6.7)	
反応要求	女性	4	(4.16)	1.00 ns
	男性	3.6	(2.84)	
発話遂行困難表明	女性	0	(0)	—
	男性	0.2	(0.42)	

ns: not significant, † p<.10, *p<.05, **p<.01 n=20

表3-14　情報とり場面の意味交渉発話：ウィルコクスンの順位和検定

発話機能	性別	平均値	（標準偏差）	p値
訂正	女性	0.2	(0.63)	—
	男性	0.2	(0.63)	
共同発話	女性	5.2	(6.07)	0.22 ns
	男性	2.3	(1.70)	
確認チェック	女性	9.6	(5.89)	0.18 ns
	男性	17.4	(15.47)	
承認	女性	0.7	(0.67)	1.00 ns
	男性	0.7	(0.95)	
否認	女性	—	—	—
	男性	—	—	
明確化要求	女性	0.6	(0.52)	0.33 ns
	男性	0.9	(0.99)	
理解チェック	女性	0	(0)	—
	男性	0.3	(0.67)	
自己発話の修正	女性	0.9	(0.88)	0.67 ns
	男性	1.3	(3.13)	
反応要求	女性	0	(0)	—
	男性	0.1	(0.32)	
発話遂行困難表明	女性	0	(0)	—
	男性	0.2	(0.42)	

ns: not significant,　†p<.10, *p<.05, **p<.01

4　接触場面における母語話者の情報やりとりの発話カテゴリー

　本章では、一二三（2002）の接触場面の発話カテゴリーをもとに情報やりとり場面に着目した発話カテゴリーを再構成するために、発話カテゴリーや意味交渉に含まれる発話機能別発話数の集計結果を分析し、妥当性を検証した。検証の結果、男女による差は見られず、表3-10で設定した発話カテゴリーの分類の妥当性が示された。表3-10を再掲し、詳述する。

表3-10 接触場面における母語話者の情報やりとりの発話カテゴリーと発話機能

場面		発話カテゴリー		発話機能
情報の共有	情報やり	情報提供（INF）		情報提供（INF）
		意味交渉（NM）	非母語話者のための理解促進	自己発話の修正（SM） 承認（AC） 否認（NR）
			非母語話者に対する理解確認	理解チェック（COMP.C） 反応要求（RR）
	情報とり	情報要求（Q）		情報要求（Q）
		共有表明（SE）		あいづち（BC） 理解表明（CE）
		意味交渉（NM）	母語話者自身の理解促進	確認チェック（CON.C） 明確化要求（CR）
			非母語話者に対する援助	共同発話（CU）

*再掲

　まず、本研究で扱うデータは「情報の共有」が最上位のカテゴリーとなる。

　次に、情報やり場面の発話カテゴリーには、中位カテゴリーとして「情報提供」と「意味交渉」を設ける。さらに、「意味交渉」の下位カテゴリーとして、「非母語話者のための理解促進」（発話機能：自己発話の修正、承認・否認）と「非母語話者に対する理解確認」（発話機能：理解チェック、反応要求）を設定する。

　そして、情報とり場面の発話カテゴリーには、中位カテゴリーとして「情報要求」、「共有表明」、「意味交渉」を設ける。「共有表明」には「あいづち」「理解表明」が発話機能として含まれる。また、意味交渉の下位カテゴリーとして、「母語話者自身の理解促進」（発話機能：確認チェック、明確化要求）と「非母語話者に対する援助」（発話機能：共同発話）を設定する。

　情報共有のために行った接触場面会話タスクの結果を分析して設定した「接触場面における母語話者の情報やりとりの発話カテゴリー」は、接触場面における母語話者の情報やりとりの発話の特徴を表していると言える。

5 | 本章のまとめ

本章では第4章情報やり場面・第5章情報とり場面の分析のための枠組みを設定した。具体的には、浦他（1986）の「発話カテゴリー」をもとにした一二三（2002）の「発話カテゴリー」を、情報やりとりという場面の特徴を表せるように修正し、分析の枠組みとして設定した（表3-10「接触場面における母語話者の情報やりとりの発話カテゴリーと発話機能」）。さらに、その妥当性について男女差から検討を行った結果、男女において有意な差は見られず、設定した発話カテゴリーの分類が妥当であることが示された。

第4章、第5章では本章で設定した発話カテゴリーをもとに、母語話者の情報やりとりの方略に接触経験が及ぼす影響を分析する。

注 [1] 「→」は当該部分で焦点が当てられている発話を示す。
 [2] 本章に限っては、分析の枠組みを設定するために接触経験の有無を問わずに記述する。よって、個人を識別する「nsEA」、「nsNA」、「nnsA」などは使用せず、母語話者は識別記号のない「ns」、非母語話者も識別記号のない「nns」と表記する。
 [3] ウィルコクスンの順位和検定は「順序尺度にもとづくデータにも適用可能であると共に、ノンパラメトリック検定の中では検定力が非常に高く、①外れ値が存在する、②〜以上または〜以下といった正確な値の得られていないデータがあるため算術平均を求めることができない、③標本の大きさが小さく、分布の正規性が保証されない、などの場合にt検定の代用となる」（森・吉田1990）ものである。ウィルコクスンの順位和検定では2つのグループの順位にもとづいて処理を行うため、各個人の順位が反映される。つまり、ある項目について1人が並外れて多くその項目を使用していても、他の協力者の発話数にそれほど差がない場合、その影響が緩和される。

第4章 母語話者の情報やり方略に接触経験が及ぼす影響

　本章では、接触場面においてNSがNNSに情報を提供する場面に着目し、NSのコミュニケーション方略に接触経験が及ぼす影響を分析する。分析においては、NS発話について統計的分析と質的な分析を相互補完的に行い、NSとNNSのNS発話に対する意識についても言語行動との関連を分析する。

1 母語話者の情報やり方略に関する研究

　まず、母語話者の情報やり方略に関連する先行研究を概観する。

　情報を受け手に与える際、主に行われるのは情報提供である。情報提供に関して、大石（1971）は、母語場面での発話について、文が長くなるに従ってわかりにくさの度合いが増すことを指摘している。西原（1999）は日本語教師のティーチャー・トークには従属節を使って複文としない、単文が多いなどの特徴があるとしている。

　また、情報を受け手に与える場面では情報提供だけでなく、相手が自分の話を理解しているかどうかを明示的に確認したり、語尾や文末を上げて相手の反応をうかがったりする。Long（1983a）によればこのような理解の確認はコミュニケーションの破綻を回避するための方略であり、普通の母語話者同士の会話よりも接触場面においてその頻度が高いという。

　しかし、情報提供と理解チェックだけでコミュニケーションが順調に進むわけではない。接触場面においては、母語話者は自らの発話を調整する必要がある（大平1999）。これまで、接触場面で母語話者が自己の発話を修正する行為については多くの研究が行われてきた。大平（1999）

は「言い直し」について、母語話者は非母語話者に質問する際、多彩な方法を用いているとしている。筒井（2008）は言い換えについて、非母語話者との接触頻度が低い人は辞書的な意味の説明を多く行うのに対し、接触頻度が高い人の言い換えはより具体化され、例示が多く用いられることを明らかにした。増井（2005）は、接触経験を持たない母語話者の接触経験による変化に着目し、言い換えなどの修復的調整の頻度の上昇、多様な方法・表現の使用が見られるようになったとしている。

　情報を受け手に与える際に与え手である母語話者が行うこのような言語行動は、非母語話者に情報を正確に伝達するための方略であると考えられ、接触経験によって異なることが示されていると言える。本章では、情報やり場面における母語話者の言語行動や母語話者・非母語話者双方の意識面に接触経験がどのような影響を及ぼすかを明らかにする。

2 分析データ

　本研究では、視聴したビデオの前半に関してNSがNNSに情報を提供している会話の部分を情報やり場面、後半に関してNSがNNSから情報を受け取っている会話の部分を情報とり場面とし、ビデオの内容に関わらない会話部分については、分析の対象外とする。本章では、情報やり場面を分析の対象とする。

　次節では、第3章で設定した分析の枠組みについて述べる。

3 分析の枠組み

　第3章において、接触場面における母語話者の情報やり方略について、発話カテゴリーを設定した（表4-1）。分析にあたり、この発話カテゴリーを枠組みとして利用する。

　まず、情報やり場面では母語話者から非母語話者に情報が提供される。そして、母語話者は非母語話者の理解を助けるために自己の発話を修正したり、非母語話者からの確認に対して承認・否認を行って理解を促す。また、非母語話者が理解しているかどうかを確認したり、聞いていることや理解していることを表明するよう要求したりする。

表4-1 接触場面における母語話者の情報やり場面の発話カテゴリー

場面	発話カテゴリー		発話機能
情報やり	情報提供		情報提供（INF）
	意味交渉	非母語話者のための理解促進	自己発話の修正（SM） 承認（AC） 否認（NR）
		非母語話者に対する理解確認	理解チェック（COMP.C） 反応要求（RR）

＊第3章／表3-10から抜粋

次節では、会話データの集計方法と統計分析の方法について述べる。

4 データの集計と統計分析の方法

分析に入る前に、会話データの集計方法と、統計分析の方法について述べる。これらの方法は第5章の情報とり場面の分析にも用いる。

まず、第3章で述べた発話機能の分類基準に従って、会話の文字化データを発話ごとに分類する。そして、次のように一発話ごとに発話機能をカウントする。

〈例4-1〉

01	nsNE	はい，えっと，ミスタービーンが，	INF
02	nnsC	ん	
03	nsNE	旅行に行く準備をしている様子で，えっとートランクに，えっとーたくさん物を詰め込んでいるんですけれども，	INF
04	nnsC	はい	
05	nsNE	入りきらないので，どれ（はい）を持って行くかーを，こう，調べているんですよ	INF

〈例4-2〉

| 01 | nsEF | でこう，肩にほこりな，あったりするんですけど，それを（はい）こう，ほこりを取ったりー，わかりますか？ | INF+
COMP.C |

〈例4-3〉
01　　nnsA　　カンニングするー
02　　nsEB　　そう，盗み，盗み見ることですね，こう，はい　　　　　　　　AC/SM

　〈例4-1〉のようにnsNEの情報提供（INF）がnnsCのあいづち（BC）に遮られて01, 03, 05の3発話にまたがっている場合、情報提供1と数えるのではなく、情報提供3と数える。これは、1つの情報を提供する発話であっても複数の機能が含まれることがあるためである。

　〈例4-2〉においてnsEFは、情報提供を行いつつ、「わかりますか?」とnnsの理解チェックも行っており、一発話内に複数の発話機能が複合していると認められる。〈例4-3〉においてnsEBは、nnsAの「カンニングするー」という確認を受け、「そう」と内容が正しいことを承認した後、「カンニング」を「盗み見る」と言い換えており、一発話内に複数の発話機能が別々に存在していると認められる。このような場合、それぞれの発話機能を別々にカウントする。つまり、〈例4-2〉は情報提供（INF）1と理解チェック（COMP.C）1、〈例4-3〉の02は承認（AC）1と自己発話の修正（SM）1と数えるということである。

　また、本研究の会話データはNS-E、NS-Nともに10ペア分であり、それぞれの頻度が正規分布しにくいと考えられるため、通常2つのグループの平均値の差の検定に用いられるt検定ではなく、ノンパラメトリック検定[1]の1つであるウィルコクスンの順位和検定[2]を用いて2グループを比較する。

　先行研究では、χ二乗検定を使用している例が多い（村上1997, 増井2005など）が、χ二乗検定はある項目の出現頻度について、全調査協力者の発話から得られた頻度の合計値のみが分析の対象である。一方、ウィルコクスンの順位和検定は、2つのグループの順位にもとづいて処理を行うため、各個人の順位が反映される。つまり、ある発話機能について1人が並外れて多くその発話機能を使用していても、他の協力者の使用頻度にそれほど差がない場合、χ二乗検定はその総計を検定するため、使用頻度が高い1人が大きく影響して有意差が出る可能性があるが、ウィルコクスンの順位和検定ではその影響が緩和される。本研究の目的は情報やりとり方略におけるNS-EとNS-Nの差を明らかにすることである。

そこで、全体的な傾向を分析するためにウィルコクスンの順位和検定を用いることとし、さらに詳細な分析を行う際には、その都度、χ二乗検定や直接確率計算など、適当な分析手法を採用することとする。

以下、会話の文字化データについて発話機能別の発話数集計結果を示し、統計的分析を行って全体の傾向を明らかにした後、さらに質的に分析する。

5 言語行動面の分析

本節では、会話データについて、まず、発話機能別に発話数を集計して統計的に分析し、全体の傾向を見る。さらに、統計的分析で両グループ（NS-E、NS-N）に差が見られた項目だけでなく、統計的分析だけでは両者の差が明らかにならなかった項目についても質的に分析する。

5.1 発話機能別発話数の分析

会話の文字化データをもとに、発話機能別に発話数を集計し、分析した。情報やり場面のNS発話における各発話機能の発話数集計結果を表4-2に、ウィルコクスンの順位和検定の結果を表4-3に示す。

表4-2 情報やり場面の各発話機能別発話数の集計結果

発話カテゴリー		発話機能	NS-E	NS-N
情報提供		情報提供	442	260
意味交渉	非母語話者の理解促進	自己発話の修正	84	113
		承認	43	17
		否認	4	0
	非母語話者の理解確認	理解チェック	37	8
		反応要求	54	22

表4–3　情報やり場面（NS-E・NS-N）：ウィルコクスンの順位和検定

発話カテゴリー		発話機能	NS-E 平均（標準偏差）	NS-N 平均（標準偏差）	z値
情報提供		情報提供	44.2（12.11）	26（8.97）	−3.109*
意味交渉	非母語話者の 理解促進	自己発話の修正	8.4（4.40）	11.3（12.94）	−0.255ns
		承認	4.4（5.38）	1.7（2.11）	−1.079ns
		否認	0.4（0.70）	0（0）	−1.826ns
	非母語話者の 理解確認	理解チェック	3.9（3.07）	0.8（1.23）	−2.644†
		反応要求	5.4（3.89）	2.2（2.15）	−2.063ns

ns: not significant, † p<.10, *p<.05, **p<.01 n=10

　検定の結果、情報提供について5％水準で有意差が認められ（z=−3.109, p<0.05）、理解チェックは有意傾向であった（z=−2.644, p<0.10）。このことから、情報提供に関しては接触経験の多いNS-Eのほうが有意に多く行い、理解チェックも接触経験の多いNS-Eのほうが多く使用する傾向があったと言える。よって、発話機能別の発話数の比較からは、発話カテゴリーの「情報提供」と、「意味交渉」のうち「非母語話者の理解促進」に差があったと言える。

　この2項目について、次に詳しく分析する。収録された会話では、情報のやりとりを ①情報提供 → ②情報受け取り → ③確認 のステップで行ったペアが多かった。「③確認」とは、情報のやりとりが一旦終了した後、遡って情報のやりとりや確認が行われる場面である。表4–2、表4–3の集計結果には、「③確認」の情報やり場面に関する部分も含まれている。しかし、情報やり場面に関する「③確認」を見ると、「①情報提供」では出てこなかった情報が新たに追加されたり、新たな情報を追加しながらも「①情報提供」で出てきた情報を再度提供するなどの発話が散見された。そのため、本章では、「①情報提供」の発話に限定して分析を行うこととする。

5.2　情報提供

　まず、「情報提供」について分析する。情報提供とは、トピックに関して自分が持っている情報を相手に与える発話である（《例4–4》）。

〈例4-4〉　情報提供

01　→　nsNA　（Mr.Beanは）そのまま，なんかけっこう快適に運転してーた，みたいなんですけど，とちゅうでー，この，ある道を曲がったら，その先が下りの坂道になっ，てい，て，でそこで，わたしの前半は終わってました

　西原（1999）は、ティーチャー・トークの特徴として、従属節が少なく、単文が多いことを挙げているが、日本語教育の知識がないNNSにも、そのような特徴が見られるのだろうか。
　そこで、NS-EとNS-Nがどのように情報提供を行っているかを文の単位に着目して分析する。本研究では文の単位を認定するに当たって、以下のような方法を用いた。
　丸山他（2006）は、話し言葉における文法的・意味的なまとまりを備えた単位として、「節単位（Clause Unit）」を提案している。「節単位」では、先行研究における従属節をもとに49種類の節境界が設定され、構造的な切れ目の強弱によって、節境界が次の3つに分類されている。その3つとは、「絶対境界」（いわゆる文末に相当する境界。明示的な文末表現の直後）、「強境界」（後続の節に対する従属度の低い、つまり切れ目の度合いが強い節境界。「並列節＋ケド」など。また、弱境界の直後に接続詞が出現した場合）、「弱境界」（後続の節に対する従属度の高い、つまり切れ目の度合いが弱い境界）である。
　小磯（2008）は、丸山他（2006）の節単位を利用して、「絶対境界」、「体言止め」、「と文末」（文末表現＋「と」で発話が完結している場合）、「文末候補」（文末表現＋終助詞など）で区切られる単位を統語的な「文単位」とみなしている。ここでは、接触経験の違いによって、「文単位」の発話量に差があるかを明らかにするために、「文単位」と「強境界」を分析に利用することにする。この基準に従うと、〈例4-4〉は〈例4-5〉のように分割される。

〈例4-5〉　情報提供

01　→　nsNG　そのまま，なんかけっこう快適に運転してーた，みたいなんですけど，《強境界》
　　　　　　　とちゅうでー，この，ある道を曲がったら，その先が下りの坂道

　　　　になってい，て，《強境界》
　　　　でそこで，わたしの前半は終わってました【文単位】

　〈例4-5〉の【文単位】と《強境界》を比較すると、【文単位】は情報の切れ目が明確なのに対し、《強境界》は【文単位】ほど切れ目が明確でなく、冗長な印象を与えている。
　この基準に従って、「①情報提供」のNS-EとNS-Nの文単位と強境界の発話数を比較したところ、文単位のほうが強境界よりも多かったのは、NS-Eが6人、NS-Nが3人であった。
　また、文単位と強境界の発話数を集計した結果、表4-4のようになり、χ二乗検定の結果、1％水準で有意であった（$\chi^2(1) = 11.532, p<.01$）。そこで、残差分析を行ったところ、NS-Eの文単位とNS-Nの強境界が有意に多く、NS-Eの強境界とNS-Nの文単位が有意に少なかった（表4-5）。

表4-4　文単位と強境界の発話数

	NS-E	NS-N
	発話数（％）	発話数（％）
文単位	134（59.3）	73（41.7）
強境界	92（40.7）	102（58.3）

表4-5　残差の一覧表

	NS-E	NS-N
文単位	3.396**	－3.396**
強境界	－3.396**	3.396**

　　　　　　　　　　　ns: not significant, † p<.10, *p<.05, **p<.01

　以上の結果から、NS-Eのほうが、情報の切れ目が明確な文単位の発話を多く用いていたことがわかる。これは、西原（1999）が挙げた「従属節が少なく、単文が多い」というティーチャー・トークの特徴と同じである。このような発話をNS-Eも使用していることから、NS-Eは非母語話者との接触経験を経て、このような方略のコミュニケーション上の有効性を学んできたものと考えられる。一方、接触経験の少ないNS-Nは、

このような文単位の発話自体を意識しておらず、その必要性も認識していない可能性がある。

5.3　非母語話者の理解確認：理解チェック

次に、提供した情報が正しく理解されたかを確認する理解チェック〈例4-6〉を分析する。

〈例4-6〉　理解チェック
：相手が自分の話を理解しているかどうか、確認する発話。

01		nsEF	歯医者さんです
02		nnsC	はい，/歯医者さん/
03	→	nsEF	//わかりますか？//，歯医者さん
04		nnsC	はい，/わかります/

「①情報提供」の理解チェックの発話数を集計した結果、NS-Eは10人中8人が計27回の理解チェックを行っていたのに対し、NS-Nは10人中3人しか理解チェックを行っておらず、総発話数は6回であった。この結果についてウィルコクスンの順位和検定を行ったところ、5％水準で有意差が認められた（z=-2.703, p<.05）（表4-6）。

表4-6　理解チェック（NS-E・NS-N）：ウィルコクスンの順位和検定

	NS-E 平均（標準偏差）	NS-N 平均（標準偏差）	Z値
理解チェック	2.7 (2.31)	0.6 (0.97)	-2.073*

ns: not significant, † p<.10, *p<.05, **p<.01 n=10

以上の結果から、NS-Eは、情報やり場面において、理解チェックを積極的に行ってNNSが情報を正確に理解しているかどうかに配慮し、コミュニケーションの破綻を防いでいたと言える。

5.4　非母語話者の理解促進：自己発話の修正

5.2と5.3では、情報やり場面の発話機能別発話数の集計結果の分析か

ら統計的に差が見られた情報提供と理解チェックについて分析した。しかし、情報やり場面では、情報提供を行い、理解チェックを行ったとしても、非母語話者から不理解を示されたり、不理解を予測した場合は、発話をわかりやすく修正する必要がある。このように、母語話者が一度発した発話と同じ内容を再度発話するのが「自己発話の修正」である。

会話データ中には、自己発話の修正にいくつかの種類があることが観察された。ただ、自己発話の修正をひとまとめにして集計した発話数比較ではそれらが十分に検討されていない。よって、以下に、「①情報提供」の自己発話の修正について詳しく分析することにする。

5.4.1 自己発話の修正の種類

会話データからは、以下の7種類の自己発話の修正が観察された。以下に例を示す。___は___が修正された発話部分である。

〈例4-7〉 繰り返し
　　　：前述の発話すべて、もしくは一部を繰り返す。
01　　　nsNB　で，次に入れたのが，<u>アロハシャツ</u>
02　　　nnsA　あはい
03　→　nsNB　<u>アロハシャツ</u>をえと，入れるんですけど，

〈例4-8〉 同義語・類義語言い換え
　　　：前述の語彙を同じ、または似た意味の語彙に修正する。
01　→　nsEC　でその間にー，ビーンはあの,<u>だ液</u>?<u>つば</u>を吸い取るこう，ちっちゃな掃除機みたいなのでー，今度また遊びだすんです

〈例4-9〉 他言語言い換え
　　　：前述の語彙を他言語に言い換える。カタカナ語も含む。
01　　　nsEF　わかりますか?<u>歯医者さん</u>
02　　　nnsC　はい，/わかります/
03　→　nsEF　//<u>dentist</u>ですね?//

〈例4-10〉 詳述化
　　：前述の語彙や発話に新たに付け加える。
01　→　nsEA　　っと，近くにあったこう<u>機械</u>，<u>白い大きい機械</u>だったんですけど，

〈例4-11〉 簡略化
　　：前述の語彙や発話を省略する。
01　→　nsEA　　こうー，いじりだしたら，<u>痛くってこう飛び上がる</u>，っていうか，
　　　　　　　　あ<u>痛いってなった</u>ときに，

〈例4-12〉 パラフレーズ
　　：前述の発話を似た意味の発話に修正する（1）。または、前述の語彙を辞書的に説明する（2）。単語よりも長い単位の修正である。
（1）
01　　　nsEC　　<u>背中を向けて</u>，準備をしてる間に，（中略）
02　→　nsEC　　だから，歯医者さんはもう一度，あのー，<u>あっち側を向いて</u>準備をして，するんですね？
（2）
01　　　nsND　　ま，<u>荷造り</u>をしてて，
02　　　nnsB　　荷造り？
03　→　nsND　　荷造り，あー，<u>荷物，を，まとめてた</u>

〈例4-13〉 例示
　　：前述の発話を修正する際に、具体的な例を示す。
01　→　nsEF　　えっとー，/<u>痛いときにこう治療する</u>/ときに，ま，<u>例えばこういう手術とかに，</u>
02　　　nnsC　　　　　　　　//知ります，はいはいはい//，ああ
03　→　nsEF　　<u>もう，痛くならないように</u>，あの，

　筒井（2008）は、接触経験の多い母語話者は語彙や文構成などの情報の再構成の程度が高いとしているが、この「情報の再構成の程度」に接触経験は影響するのだろうか。
　会話データで観察された自己発話の修正（〈例4-7〉～〈例4-13〉）につい

て考えると、例示・パラフレーズは、語彙や構成にかなりの改変を加えるため情報の再構成の程度が高いと言えるが、詳述化・簡略化は、もとの発話に情報を付け加えたり削ったりするだけの修正のため、上の2つの種類に比べると情報の再構成の程度がやや低い。同義語・類義語言い換えと他言語言い換えは、構成はそのままで語彙のみを言い換えるため、再構成の程度はさらに低くなる。繰り返しは単純に自己発話を繰り返すだけなので、この中では最も情報の再構成の程度が低いと考えられる。以上をまとめたものが表4-7である。

表4-7 情報の再構成の程度別分類

高	パラフレーズ・例示
中	詳述化・簡略化 同義語・類義語／他言語言い換え
低	繰り返し

以下、この情報の再構成の程度に着目して自己発話の修正を詳しく分析する。

5.4.2 自己発話の修正の出現傾向

会話データで観察された自己発話の修正の種類は7種類であったが、ここでは、接触経験の多寡によって使用される自己発話の修正に差が見られるかどうかについて分析する。表4-8に情報の再構成の程度別発話数と割合の結果を示す。

表4-8 自己発話の修正の再構成の程度別発話数

			NS-E 回（％）	NS-N 回（％）
情報の再構成の程度	高	パラフレーズ・例示	21 (28)	10 (20)
	中	詳述化・簡略化	23 (30.7)	16 (32)
		同義語・類義語／他言語言い換え	18 (24)	13 (26)
	低	繰り返し	13 (17.3)	11 (22)
		計	75 (100)	50 (100)

表4-8のNS-EとNS-Nの自己発話の修正の総発話数について、ウィルコクスンの順位和検定を行ったところ、両グループに有意差はなく（表4-9）、情報の再構成の程度別発話数（表4-10）についても χ 二乗検定を行った結果、有意差は見られなかった（$\chi^2(2) = 1.174$ ns）。また、表4-8から、両グループとも情報の再構成の程度にかかわらず、さまざまな修正を行っていたことがわかった。

表4-9　自己発話の修正（NS-E・NS-N）：ウィルコクスンの順位和検定

	NS-E 平均（標準偏差）	NS-N 平均（標準偏差）	Z値
自己発話の修正	7.5（4.48）	5（4.88）	−1.070ns

ns: not significant, † p<.10, *p<.05, **p<.01 n=10

表4-10　自己発話の修正の再構成の程度別発話数

情報の再構成の程度			NS-E 回（%）	NS-N 回（%）
	高	パラフレーズ・例示	21（28）	10（20）
	中	詳述化・簡略化 同義語・類義語／他言語言い換え	41（54.7）	29（58）
	低	繰り返し	13（17.3）	11（22）

　このことから、日本語教育の知識のない母語話者の場合、用いる自己発話の修正の種類に接触経験の多寡が与える影響は少ないということができる。
　筒井（2008）は日本語教師の行う発話修正について、より情報の再構成の程度が高いと指摘している。ということは、自己発話の修正には日本語教育の知識や経験が大きく影響している可能性がある。

5.4.3　自発的発話修正と要求後発話修正
　5.4.2の結果から、NS-E・NS-N間で自己発話の修正の出現数や種類には差が見られないことが明らかになったが、その他に2つのグループに

差はないのだろうか。

　会話データの自己発話の修正には、NNSから不理解表明を含む言語的な何らかの反応を受けてから修正する「要求後発話修正」と、NNSの不理解を事前に予測して自発的に修正する「自発的発話修正」の2種類が見られた。ここではこの2つについて分析する。

〈例4-14〉　要求後発話修正
```
01        nsND    で次にー，なんかー，あのー海水パンツか，海水パンツ
                  /もーー/なんか
02        nnsB    //かいすい//かいすい?/
03  →    nsND                //海水パ//ンツ あのーー水着?
04        nnsB    ああはい
```

　上の〈例4-14〉を見ると、nsNDの「海水パンツ」という発話に対し、nnsBが「かいすいかいすい?」（確認チェック）で不理解を表明し、それを受けてnsNDは「海水パンツ」を「水着」に修正している。本研究では、〈例4-14〉のようなNNSからの確認チェックと明確化要求（「どういう意味ですか?」「え?」など）をNNSからの不理解表明とし、その後に行われる発話修正を要求後発話修正とする。次に、自発的発話修正の例を示す。

〈例4-15〉　自発的発話修正
```
01  →    nsEC    そろそろ麻酔が効いたかなーーっていうことで治療をまた，する
                  んですね，いじる歯を
```

　〈例4-15〉では「治療」を「いじる」に言い換えているが、言い換えの前にNNSからの不理解表明はない。このように、自発的発話修正はNNSの不理解表明を受けずに行われる修正である。

　自発的発話修正と要求後発話修正の発話数を集計したところ、自発的発話修正が要求後発話修正よりも多かったのは、NS-Eが7人、NS-Nが3人であった。全体で見ると、NS-Eは自発的発話修正が70.7％、要求後発話修正が29.3％なのに対し、NS-Nは自発的発話修正が22％、要求後発話修正が78％であった（表4-11）。この結果についてχ二乗検定を行

ったところ、1％水準で有意であった（$\chi^2(1) = 28.438, p<.01$）。そこで、残差分析を行った結果、NS-Eの自発的発話修正とNS-Nの要求後発話修正が有意に多く、NS-Eの要求後発話修正とNS-Nの自発的発話修正が有意に少ないことがわかった（表4-12）。

表4-11 自発的発話修正と要求後発話修正の発話数

	NS-E	NS-N
	発話数（％）	発話数（％）
自発的発話修正	53（70.7）	11（22）
要求後発話修正	22（29.3）	39（78）

表4-12 残差の一覧表

	NS-E	NS-N
自発的発話修正	5.333**	－5.333**
要求後発話修正	－5.333**	5.333**

ns: not significant, † p<.10, *p<.05, **p<.01

　このことから、NS-Eは、NNSから言語的な不理解表明や発話修正の要求がなくても、不理解を予測して自ら発話修正を行うが、NS-NはNNSからの不理解の表明や発話修正の要求がなければ、積極的に発話修正を行わないと言える。

　また、情報の再構成の程度別に自発的発話修正と要求後発話修正の発話数を集計した結果、表4-13のようになった。表4-13を見ると、NS-Eはすべての項目において自発的発話修正が要求後発話修正の割合を上回っているのに対し、NS-Nはすべての項目において要求後発話修正が自発的発話修正の割合を上回っている。また、NS-Eは情報の再構成の程度が高いパラフレーズ・例示に関しても、自発的発話修正の割合が高い。

　このことから、NS-EはNNSの不理解を予測し、積極的に自己発話の修正を行うこと、また、修正を行うときは情報の再構成の程度が高い項目も使用していると言える。逆に、NS-Nは、NNSの不理解表明があった場合は発話を修正するが、自発的発話修正が少ない。よって、NS-Nは接触経験が少ないために、NNSの不理解を予測し、自発的に発話を修

正することが難しいのではないかと考えられる。

表4-13 自発的発話修正と要求後発話修正の情報の再構成の程度別発話数と割合

			NS-E		NS-N	
			自発	要求後	自発	要求後
			回（％）	回（％）	回（％）	回（％）
情報の再構成の程度	高	パラフレーズ・例示	13（17.3）	8（10.7）	1（8.0）	9（18.0）
	中	詳述化・簡略化	18（24）	5（6.7）	3（6.0）	13（26.0）
		同義語・類義語／他言語言い換え	11（14.7）	7（9.3）	3（6.0）	10（20.0）
	低	繰り返し	11（14.7）	2（2.7）	4（2.0）	7（14.0）
		計	53（70.7）	22（29.3）	11（22.0）	39（78.0）
			75（100）		50（100）	

　このような自発的発話修正と要求後発話修正に見られるNS-EとNS-Nの差は、NSが接触経験を経てより積極的に会話に参加するようになった結果であるとも考えられる。

　しかしながら、自発的発話修正の多用は、文が複雑になって、逆に新たな不理解を招く危険性があり、場合によってはNNSの理解を妨げてしまう場合もある（大平1999）。実際に会話データの中にも、自発的発話修正がきっかけとなって起こったNNSの不理解表明が4例見られた。〈例4-16〉では、nsEAが「吸い取る」という言葉を自発的に言い換えているが、nnsAは不理解を表明し、再度の説明を要求している。

〈例4-16〉　自発的発話修正がきっかけとなったNNSの不理解表明

01　　　nsEA　あのーえとー, だえ, つばがでてしまうんで, それを<u>吸い取るようなこう, シューっていう, なんていうんだろ, スス, ストローじゃなくてもっと太くって, こう口の中に入れて唾液を吸い取るような</u>機械

02　　　nnsA　唾液をすい…

03　→　nsEA　す, 吸い込む?

04　　　nnsA　あ, 吸い込む

　そのため、的確な非母語話者の不理解の予測と非母語話者に合わせた

適切な修正が求められるこの方略は、非母語話者の既有知識に関する情報や、ことばをわかりやすく言い換える技術を必要とするものだと言える。

5.5 言語行動面の分析のまとめ

本節では、情報やり場面における接触経験の多いNS-Eと少ないNS-Nの発話の特徴について、情報やり場面全体の発話機能別発話数の集計結果で差が見られた2項目（情報提供と理解チェック）と、集計結果では差が見られなかった自己発話の修正について、「①情報やり場面」の発話に着目して分析した。

その結果、NS-Eは発話面で、（1）情報の切れ目が明確な文単位の発話を多く用いる、（2）理解チェックを用いて、NNSに対して躊躇なく理解確認を行う、（3）自己発話の修正の種類にNS-Nと差はないが、NNSからの不理解表明がなくても自発的に発話修正を行う、という3つの情報やり方略を使用していることが明らかになった。つまり、接触経験を経てNS-Eはこの3つの方略を学習し、実践しているということである。

以上の結果を表4-14にまとめる。

表4-14 情報やり場面のNS-E発話の特徴

	発話カテゴリー	発話機能	言語行動面
	情報提供	情報提供	文単位の発話が多い
意味交渉	非母語話者の理解促進	自己発話の修正	自発的発話修正が多い
		承認・否認	―
	非母語話者の理解確認	理解チェック	理解チェックが多い
		反応要求	

次節では質問紙調査の結果からNS-E、NS-N、NNSの意識面の分析を行う。

6　意識面の分析

本節では、NSの自己発話に対する意識とNNSのNS発話に対する意識

を分析する。

6.1 分析方法

NSに、自己の発話について12項目の質問紙調査を行い、それぞれ5段階評価で自己評価してもらった。評定値5は「そのようにした」、評定値1は「全然そのようにしなかった」という評価である。つまり、評定値が高いほど、質問項目の行為を意識的に行ったということである。質問項目を表4-15に示す。

表4-15　NSに対する情報やり場面に関する質問項目

```
あなたがビデオの前半部分の内容を話していたとき　（←情報やり場面）
相手の日本語のレベルに応じて、自分の話し方を調節した。
    1.→ゆっくり話した。
    2.→相手が理解しにくいと思う語彙を避け、簡単な語彙を選んで話した。
    3.→文法的に正しく話した。
    4.→ですます体で話した。
    5.→相手が、あなたが言ったことを理解できないと判断したとき、
       その言葉を別の言葉に言い換えた。
 6. リラックスした雰囲気を作った。
 7. 自分の感情を抑えて話した。
 8. 積極的に話した。
 9. 相手が理解しているか、注意しながら話した。
10. 相手が、自分の話を多少理解できない様子でも、気にしなかった。
11. 相手を楽しませた。
12. 流行語・俗語は使わなかった。
```

また、NNSにもNSの発話について10項目の質問紙調査を行い、それぞれ5段階評価で自己評価してもらった。NNSの質問項目は、NSの発話についてNNSがどのように感じたかを評価するもので、評定値5は「そう思う」、評定値1は「ぜんぜんそう思わない」という評価である。つまり、評定値が高いほど、NNSはNSが質問項目の行為をよく行っていたと感じたということである。質問項目を表4-16に示す。

表4-16　NNSに対する情報やり場面に関する質問項目

ビデオの前半部分の内容を日本人が話していたとき、<u>日本人</u>は、
　　　　　　　　　　　　　　　　　　　　　　　（↑情報やり場面）
1. ゆっくり話した。
2. かんたんな言葉を使って話した。
3. 文法的に正しく話した。
4. ですます体で話した。
5. あなたが日本人が言ったことを理解できなかったとき、別の言葉で言い換えた。
6. あなたが理解していなくても、気にしなかった。
7. 積極的に話した。
8. あなたが理解しているか、注意しながら話した。
9. リラックスした雰囲気を作った。
10. あなたを楽しませた。

6.2　母語話者の意識面の分析

　まず、NSの意識面の分析を行う。情報やり場面におけるNS-EとNS-Nの意識面を比較したt検定の結果を表4-17に示す。表4-17は、各質問項目について、NS-EとNS-Nの自己評価の平均値と標準偏差、t値を示したものである。

　平均値を見ると、NS-EもNS-Nもそれぞれの項目に対して、3以上の評定値の項目が多かった。また、項目10「相手が、自分の話を多少理解できない様子でも、気にしなかった。」は、評定値が低いほうが相手に配慮を示したということであり、この項目も含めると、NS-Eは9項目においてNNSに配慮し、NS-Eは8項目においてNNSに配慮していたことがわかった。

　では、両グループの意識に差は見られるのだろうか。表4-17についてt検定を行った結果、情報やり場面におけるNS-EとNS-Nの意識面の結果において有意差は認められなかった。つまり、情報やり場面でNNSに情報を提供しているとき、NS-Eの意識面とNS-Nの意識面には差があるとは言えないということである。

表4-17 情報やり場面（NS-E・NS-N）：t検定

	NS-E 平均（標準偏差）	NS-N 平均（標準偏差）	t値
1. ゆっくり話した。	3.4 (1.07)	2.7 (0.95)	1.54 ns
2. 相手が理解しにくいと思う語彙を避け、簡単な語彙を選んで話した。	3.6 (0.97)	3.2 (1.32)	0.77 ns
3. 文法的に正しく話した。	2.4 (0.97)	2.3 (1.60)	0.22 ns
4. ですます体で話した。	3.3 (1.57)	2.0 (1.60)	0.57 ns
5. 相手が、あなたが言ったことを理解できないと判断したとき、その言葉を別の言葉に言い換えた。	4.4 (0.52)	4.0 (1.49)	0.80 ns
6. リラックスした雰囲気を作った。	4.2 (1.03)	4.1 (0.32)	0.29 ns
7. 自分の感情を抑えて話した。	3.3 (1.25)	3.2 (0.92)	0.20 ns
8. 積極的に話した。	4.1 (1.20)	4.0 (0.82)	0.22 ns
9. 相手が理解しているか、注意しながら話した。	4.4 (0.84)	4.4 (0.70)	0.00 ns
10. 相手が、自分の話を多少理解できない様子でも、気にしなかった。	2.3 (1.34)	2.1 (0.99)	0.38 ns
11. 相手を楽しませた。	2.7 (1.25)	2.5 (0.97)	0.40 ns
12. 流行語・俗語は使わなかった。	3.3 (1.06)	3.1 (1.20)	0.40 ns

ns: not significant, † $p<.10$, *$p<.05$, **$p<.01$ df=18 n=10

しかし、発話機能別発話数の分析と言語行動の分析の結果では、NS-Eのほうがさまざまな情報やり方略を使用していることが明らかになった。つまり、NS-Eは言語行動面でNS-Nよりも多くの情報やり方略を使用しているにもかかわらず、NS-Eの自身の発話に対する意識は、言語行動面で情報やり方略を使用していないNS-Nの意識とほとんど変化がないということである。

このことから、情報やり場面においてNSは、接触経験が少なくても多くてもNNSへの配慮を示しているが、その配慮が示される方法（言語行動）が接触経験を経て変化することがわかる。

また、このことは、NS-Eは接触経験を経て変化した自身の情報やり方略に対するモニター[3]がうまく働いていないとも言える。

モニターについては、第二言語学習者が言語学習の過程で学んだ規則を使って自らの言語が間違っていないかどうかをチェックするという第二言語習得の立場から論じられることが多い。しかし、Labov（1972）が提唱するvariability理論では、社会言語学的立場から母語話者について、

話し方の違い（自分が置かれた社会的状況、また、トピックによって話し方を変えること）は同じ1つの基準、つまり、話し方に対する注意の払い方の量によって測ることができることを指摘している。

吉田（1991）はLabov（1972）のいう「注意を払う」ということは、モニターを使用することと同じであり、われわれの言語活動は、その活動を行う際、社会言語学的側面に加えて言語の形式についてもモニターしていると述べている。つまり、モニターというのは、母語話者・非母語話者にかかわらず、基本的にはわれわれが言語を使用しているときに、その言語によって伝えられる「意味情報」よりも、それを伝えるための「方法」をチェックするものである（吉田1991）と言える。また、モニターは産出（話す・書く）に関してだけでなく理解（聞く・読む）においても使用される。吉田（1991）は、産出に関するモニターと理解に関するモニターでは、使われるモニターが異なるとしている。具体的には、産出（話す・書く）に関しては、自己発話について文法を中心とした言語の形式的部分に対するモニター（以下、Mとする）が多く働き、理解（聞く・読む）に関しては言語の形式以外の知識（談話の知識や社会言語学的知識や問題解決的な知識）に対するモニター（以下、mとする）のほうが多く働くとしている。これらを図式化したものが図4-1である。

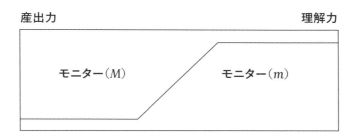

図4-1　モニター利用の違い（吉田1991）

これらのモニターを本研究の意識面の分析に照らすと、次のようになる。意識面の分析ではNS発話の言語の形式についてNS、NNSそれぞれの評価を求めた。意識調査の結果に現れるということは、NS、NNS双

方がその方略を意識しているということであり、質問紙調査は、「意識的な」(Krashen 1982) モニターについての調査である。

情報やり場面の意識面分析の質問項目は、どのように話したかという情報提供の「方法」に関して、NSが意識していたかどうかをたずねるものであった。本研究ではこのモニターを自身の発話に対するモニターであることから「自己モニター」と呼ぶ。

情報やり場面において、言語行動面では明らかな差が見られたにもかかわらず、NS-Eの自己発話に対する意識とNS-Nの自己発話に対する意識に差が見られなかったということは、NS-Eは自己発話に対して、情報を伝えるための「方法」をチェックする自己モニターがうまく働かなかったということである。NS-Eの意識面と言語行動面の関連をまとめると、表4-18のようになる。

表4-18 NS-Eの情報やり方略と意識面の関連

	情報やり方略		情報やり方略と自己モニターの関連
	情報提供	情報提供	差あり
意味交渉	非母語話者の理解促進	自己発話の修正	差あり
	非母語話者の理解確認	理解チェック	差あり

表4-18は、NS-Eの言語行動面で観察された情報やり方略と、情報やり方略と意識の関連を示したものである。このことから、NS-Eはさまざまな情報やり方略を使用しているものの、その言語行動と意識には差があったと言える。

吉田 (1991) は、産出（話す・書く）の場合は、言語の形式に関するモニター (M) が働くとしているが、NS-Eの自己モニターとNS-Nの自己モニターに差がなかったということは、情報やり場面においてNS-Eは、情報を伝達する「方法」よりもその「意味情報」のほうを意識していた可能性が考えられる。つまり、「情報提供」や「自己発話の修正」については、伝えるべき情報内容のほうを意識していたために、自身が発話中、どのような方略を使用しているかというところまで意識が働かなかった

のではないだろうか。

　一方、「理解チェック」は情報内容とは関わりがない。では、NS-EもNS-Nも相手が理解しているかどうかに配慮しているにもかかわらず、NS-Nが理解チェックをほとんど行っていないのはなぜだろうか。非母語話者との会話では、完璧な理解を目指そうとするほど会話の雰囲気を壊し相手を緊張させることにもなりかねない（一二三1999）と指摘されている。つまりNS-Nは、NNSとの会話において正確な情報提供よりも会話の円滑な進行への配慮を優先させ、理解チェックを回避したのではないだろうか。このことから、母語話者は日本語教育の知識がなくても、接触経験を経ると躊躇なく理解チェックを行うようになるが、接触経験の少ない母語話者にとっては、理解チェックを行うことが心理的負担（尾崎1999）を伴う可能性があると考えられる。

　以上のことから、情報提供、理解チェック、自己発話の修正に関する情報やり方略は、接触経験を経て学習されたものではあるが、その変化は明確に意識化されにくい方略であると考えることができる。

6.3　非母語話者の意識面の分析

　次に、NNSの意識面の分析を行う。従来、非母語話者に関しては、第二言語習得における自身の産出に関するモニターについての研究が多く行われてきた。しかし、接触場面における母語話者発話の実態を明らかにするためにはNS発話に対するNSの自己評価だけでなく、NNS側の評価、つまり他者評価も分析する必要がある。よって、本研究ではNNSのNS発話に対する他者評価を「他者モニター」とし、考察する。自己モニターと他者モニターをまとめたものが表4-19である。

表4-19　モニターの分類

モニター	自己モニター	NSの自己発話に対するモニター
	他者モニター	NNSのNS発話に対するモニター

　次に、情報やり場面におけるNNSの対NS-E、対NS-Nの意識面を比較したt検定の結果を表4-20に示す。表4-20は、各質問項目について、NNSの対NS-Eと対NS-N評価の平均値と標準偏差、t値を示したもので

ある。
　t検定の結果、情報やり場面における対NS-Eと対NS-Nの意識面に有意差は認められなかった。つまり、情報やり場面において、NNSがNS-EやNS-Nから情報を与えられているとき、NNSのNSの言語行動に対する意識には、NS-Eに対してもNS-Nに対しても、差があるとは言えないということである。

表4-20　情報やり場面（NNS:対NS-E・対NS-N）：t検定

	NS-E 平均（標準偏差）	NS-N 平均（標準偏差）	t値
1.ゆっくり話した。	3.7（1.49）	3.5（1.18）	0.33 ns
2.かんたんな言葉を使って話した。	4.0（1.15）	3.7（1.25）	0.56 ns
3.文法的に正しく話した。	4.3（1.06）	4.1（1.10）	0.41 ns
4.ですます体で話した。	4.1（1.20）	3.9（1.45）	0.34 ns
5.あなたが日本人が言ったことを理解できなかったとき、別の言葉で言い換えた。	4.2（1.03）	3.5（1.35）	1.30 ns
6.あなたが理解していなくても、気にしなかった。	1.4（0.52）	1.8（0.79）	−1.34 ns
7.積極的に話した。	4.4（0.70）	4.4（0.70）	0.00 ns
8.あなたが理解しているか、注意しながら話した。	3.9（1.45）	3.6（1.26）	0.49 ns
9.リラックスした雰囲気を作った。	4.3（0.82）	4.2（1.32）	0.20 ns
10.あなたを楽しませた。	4.6（0.67）	4.0（1.33）	1.26 ns

ns: not significant, † $p<.10$, *$p<.05$, **$p<.01$ df=18 n=10

　このことから、NS-EはNNSの理解を促進するためにさまざまな情報やり方略を使用していたにもかかわらず、その方略がNNSには意識されなかったということがわかる。これには、NS-Eの情報やり方略がNNSに意識されるほど特徴的なものでなかったという可能性と、NNSのNS-E発話に対する他者モニターが働かなかったという2つの可能性がある。他者モニターが働かなかったという点に関してNNSの対NS-E意識面とNS-Eの言語行動面との関連を考えると、表4-21のようになる。

表4–21　NS-Eの情報やり方略とNNSの意識面の関連

NS-Eの情報やり方略		他者モニター
情報提供	情報提供	×
意味交渉　非母語話者の理解促進	自己発話の修正	×
意味交渉　非母語話者の理解確認	理解チェック	×

　表4–21は、NS-Eの言語行動面で観察された情報やり方略と、それに対するNNSの他者モニターの有無を示したものである。この表は、NS-Eはさまざまな情報やり方略を用いているものの、それに対するNNSの他者モニターが働かなかったことを示している。

　吉田（1991）は聞く能力に関して、聞き手は、話し手が選び、構成した話を受動的に聞くしかないこと、また、聞くという作業はリアル・タイムで行われるため、言語の形式部分に対するモニター（M）をじっくり活用する時間がなく、言語の形式以外の知識に対するモニター（m）を有効に活用して、話し手が意図する意味内容を理解する努力をするしかない、つまり、モニター（M）よりもモニター（m）のほうを多く使用するとしている。さらに、非母語話者が母語話者の話を聞くときは、モニター（M）を十分に活用する能力がない場合が多いとも述べている。

　このことから、情報やり場面においてNS-Eが言語行動面でさまざまな情報やり方略を使用していたにもかかわらず、NNSがその情報やり方略を意識していなかった要因は、NNSがNS発話の言語の形式以外の知識に対するモニター（m）を使用して、意味情報の内容に意識を向けていたためであることが考えられる。

6.4　意識面の分析のまとめ

　以上、NSの自己発話に対する意識とNNSのNS発話に対する意識を分析した。分析の結果、NS-EとNS-Nの自己発話に対する意識に差はなく、NNSのNS-E発話とNS-N発話に対する意識にも差が見られなかった。つまり、実際の会話ではNS-Eのほうがさまざまな情報やり方略を用いているが、NS-E、NNS双方ともにその方略を意識していなかった

ということである。

情報やり場面の意識面の分析結果をまとめると、次のようになる。

表4-22 NS-Eの情報やり方略とNS-E・NNSの意識面の関連

	情報やり方略		自己モニター NS-E	他者モニター NNS
意味交渉	情報提供	情報提供	×	×
	非母語話者の 理解促進	自己発話の修正	×	×
	非母語話者の 理解確認	理解チェック	×	×

次に、これまでの分析結果をまとめる。

7 本章のまとめ

以上、接触場面の情報やり場面において、NSの情報やり方略に接触経験がどのように影響するかを分析した。

その結果、NS-Eは、(1) 情報の切れ目が明確な文単位の発話を多く用いる、(2) 理解チェックを用いて、NNSに対して躊躇なく理解確認を行う、(3) 自己発話の修正の種類にNS-Nと差はないが、NNSからの不理解表明がなくても自発的に発話修正を行う、という3つの情報やり方略を使用していることを明らかにした。

しかし、NS-Eの自己発話に対する意識とNNSのNS-E発話に対する意識を分析したところ、上記3項目の方略に関して、それらの言語行動の差が意識されていなかったことが明らかになった。

以上の結果をまとめると、表4-23のようになる。

表4-23　NS-E発話の特徴とNS-E発話に対するNS-E・NNSの意識

発話カテゴリー		発話機能	言語行動面	意識面	
				NS-E	NNS
情報提供		情報提供	文単位の発話が多い	×	×
意味交渉	非母語話者の理解促進	自己発話の修正	自発的発話修正が多い	×	×
		承認・否認	—	—	—
	非母語話者の理解確認	理解チェック	理解チェックが多い	×	×
		反応要求	—	—	—

　以上の分析から、母語話者は、接触経験を経て、非母語話者に情報を提供する際に、わかりやすさを心がけながら短い文単位で情報を提供し、非母語話者が理解しているかどうかの配慮を示すようになると同時に、非母語話者との会話に積極的に参加するようになるが、それらの差は母語話者、非母語話者にとって意識されにくいものであることが明らかになった。

　次章では情報とり場面について、母語話者の情報とり方略に接触経験が及ぼす影響を分析する。

注　[1]　2つの標本のt検定では、標本平均が正規分布であることを仮定しなければならないなど、そのデータの発生源の分布形についての仮定を必要とする（パラメトリック手続き）が、ノンパラメトリック検定は、データについて特別の仮定をほとんど必要としない（ノルシス1994）。
　　[2]　第3章の注3参照。
　　[3]　Krashen（1982）の「モニター仮説」によれば、学習者は言語学習の過程で学んだ「意識的」な規則を使って、自らの言語が間違っていないかどうかをチェックするが、そのチェックを可能にするのがモニターである。Krashenのモニターは文法を中心とした言語の形式的部分に限定されたものであるが、Morrison and Low（1983）は、産出された言語表現が正常な言語使用から逸脱していないかを文法的観点も含めた広い意味でチェックする能力がモニター能力であるとしている。このモニターは必ずしも「意識的」である必要はなく、ただ「感じる」だけでもよい。Ellis（1985）はKrashenのモニター

を「大文字Ｍのモニター」と呼んで、より広い意味のモニターと区別している。

第5章 母語話者の情報とり方略に接触経験が及ぼす影響

　本章では、接触場面においてNSがNNSから情報を受け取る場面に着目し、NSのコミュニケーション方略に接触経験が及ぼす影響を分析する。分析においては、NS発話について統計的分析と質的な分析を相互補完的に行い、NSとNNSのNS発話に対する意識についても言語行動との関連を分析する。

1　母語話者の情報とり方略に関する研究

　まず、母語話者の情報とり方略に関連する先行研究を概観する。

　堀口（1988: 14）は、「話し手が話を進めていくためには、聞き手からの反応や働きかけや助けが必要であり、話しことばによるコミュニケーションは聞き手の積極的な参加によって成立する」と述べている。

　情報の与え手から情報を引き出す際、受け手は情報要求を行う。森本他（2004）は情報要求を真偽情報要求と未知情報要求に分類している。本研究における情報要求は、「トピックに関する新情報を相手から引き出すための発話」であり、未知情報要求にあたる。森本他（2004: 1）は未知情報要求について、「課題の遂行上不可欠であることが事前に分かっている情報の共有手段として用いられる」としており、本研究におけるタスクの遂行上、欠かせないものであることがわかる。佐々木（1998）は、異文化間コミュニケーション状況では日本人の「情報要求」発話頻度が増加することを指摘している。

　また、与え手から情報が与えられる際、受け手は聞いていること、理解していることを示そうとする。聞いていること、理解していることを示すためにはあいづちや理解表明などが用いられる。あいづちの形態を

堀口（1997）は、「相づち詞」、「くりかえし」、「言いかえ」に分類し、その機能を「聞いているという信号」、「理解しているという信号」、「同意の信号」、「否定の信号」に分類した。本研究では、堀口（1997）のいう「相づち詞」のみを「あいづち」として扱う。なぜなら、「くりかえし」、「言いかえ」は、次に述べる「確認チェック」と深く関係するからである。

　受け手は受け取った情報が正しいかどうかを確認する。その際に用いられるのが確認チェックと明確化要求である。確認チェックは、情報の与え手の発話を受け手が正しく理解しているかどうか、受け手自身が与え手に確認する発話である。与え手の発話があいまいであったものを受け手自身が言うことによって、あるいは質問形式で確認したり、受け手が与え手の発話の全部、または一部を繰り返したりして、与え手の発話に対する自分の理解を確認する。また、明確化要求は、聞き手側に与え手からの情報に関して自分なりの理解があった上で、それが正しいかどうかを確認する発話である。Pica et al（1989）は第二言語習得研究の立場から、明確化要求は非母語話者への open signal となり、どのようにコミュニケーションの問題を解決するかは母語話者に任されるが、確認チェックは非母語話者の意図したことを母語話者が言ってしまうことになるため、非母語話者が自身でアウトプットを修正する機会を失わせてしまうと述べている。

　また、接触場面における母語話者の特徴的な行動として、非母語話者が発話の遂行に困難を抱えている場合、発話の遂行を手助けすることがある。宇佐美（2001: 164）は、「複数の話者によって、完結される一つの文」を「共同発話」と定義し、接触場面における会話では、共同発話が起こるとき、母語話者が発話を完結させることが多く、非母語話者が言い淀んでいるときに母語話者が手助けするような形になっているものが多いとしている。

　情報を受け取る際に母語話者が行うこのような言語行動は、非母語話者から情報を正確に受け取るための方略であると考えられる。これまでの研究では、接触経験によってそれらの方略に差があることが一部で示されている（村上1997など）。本章では以下、情報とり場面における母語話者の言語行動や母語話者・非母語話者双方の意識面に接触経験がどの

ような影響を及ぼすかを明らかにする。

2 分析データ

本研究では、視聴したビデオの前半に関してNSがNNSに情報を提供している会話の部分を情報やり場面、後半に関してNSがNNSから情報を受け取っている会話の部分を情報とり場面とし、ビデオの内容に関わらない会話部分については、分析の対象外とする。本章では情報とり場面を分析の対象とする。

次節では、第3章で設定した分析の枠組みについて述べる。

3 分析の枠組み

第3章において、接触場面における母語話者の情報とり方略について、発話カテゴリーを設定した（表5-1）。分析にあたり、この発話カテゴリーを枠組みとして利用する。

表5-1 接触場面における母語話者の情報とり場面の発話カテゴリー

場面	発話カテゴリー		発話機能
情報とり	情報要求		情報要求（Q）
	共有表明		あいづち（BC） 理解表明（CE）
	意味交渉	母語話者自身の理解促進	確認チェック（CON.C） 明確化要求（CR）
		非母語話者に対する援助	共同発話（CU）

*第3章／表3-10から抜粋

まず、情報とり場面では、母語話者が非母語話者に情報を要求する。そして、母語話者は情報を受け取り、非母語話者と情報を共有したことを表明する。もし非母語話者から受け取った情報に不安なところがあれば、その部分について非母語話者に確認する。一方、非母語話者が言いたいことを表す言葉が見つからず、発話の遂行が困難な状態が示された

場合は、非母語話者の発話を援助することもある。

データの集計と統計分析の方法は、第4章（4節）で述べた方法に準じる。次節では、会話の文字化データについて発話機能別の集計結果を示し、統計的分析を行って全体の傾向を明らかにした後、さらに質的に分析する。

4 言語行動面の分析

本節では、会話データについて、まず、発話機能別に発話数を集計して統計的に分析し、全体の傾向を見る。さらに、統計的分析で両グループ（NS-E、NS-N）に差が見られた項目だけでなく、統計的分析だけでは両者の差が明らかにならなかった項目についても質的に分析する。

4.1 発話機能別発話数の分析

会話の文字化データをもとに、発話機能別に発話数を集計し、統計的に分析した。情報とり場面のNS発話における各発話機能の発話数集計結果を表5-2に、ウィルコクスンの順位和検定の結果を表5-3に示す。

表5-2 情報とり場面の各発話機能別発話数の集計結果

発話カテゴリー		発話機能	NS-E	NS-N
情報要求		情報要求	30	23
共有表明		あいづち	420	208
		理解表明	14	8
意味交渉	母語話者自身の理解促進	確認チェック	167	110
		明確化要求	10	5
	非母語話者に対する援助	共同発話	51	24

表5-3 情報とり場面（NS-E・NS-N）：ウィルコクソンの順位和検定

発話カテゴリー		発話機能	NS-E 平均（標準偏差）	NS-N 平均（標準偏差）	z値
情報要求		情報要求	3（2.67）	2.3（3.27）	−1.040ns
共有表明		あいづち	48.8（23.9）	27.5（11.4）	−2.070*
		理解表明	1.4（1.58）	0.8（1.14）	−1.591ns
意味交渉	母語話者自身の理解促進	確認チェック	16.7（15.40）	11.0（7.36）	−0.720ns
		明確化要求	1.0（0.82）	0.6（0.70）	−1.189ns
	非母語話者に対する援助	共同発話	5.1（6.10）	2.4（1.78）	−0.971ns

ns: not significant, † p<.10, *p<.05, **p<.01

　検定の結果、あいづちにおいて5％水準で有意差が認められた（z=−2.800, p<0.05）。よって、NS-EはNS-Nに比べてあいづちの発話が多いと言える。次に、このあいづちについてさらに分析する。

4.2 共有表明
4.2.1 あいづち

　Scarcella and Higa (1981) は非母語話者の会話支援方略の1つとして、"right" "yeah" "uhuh" などの「肯定的フィードバック」を挙げている。また、佐々木（2006）は、異文化状況では、母語話者が非母語話者に情報を要求し、それに対して非母語話者が情報を提供する際に、「途中あいづち」が有意に多かったとし、これは母語話者が非母語話者の発話を奨励するためだとしている。

　堀口（1997）は、あいづちを「話し手が発話権を行使している間に、聞き手が話し手から送られた情報を共有したことを伝える表現」としている。本研究のあいづちの定義もこれに準じるが、いわゆる「あいづち詞」を使用した発話に限定した。以下に例を示す。

〈例5-1〉 あいづち
　　nnsB　そう，ひらめき，そういう感じでこう，ああっ，それでペンを取って―，
→　nsED　うん
　　nnsB　わざと，

→ nsED　あ，/なるほど/

　NS-Eが多用したあいづちについて、さらに詳しく観察する。あいづちには「概念的あいづち」（そうですか、なるほど、本当、など）と、「感声的あいづち」（ええ、はい、うん、など）がある（小宮1986）。「概念的あいづち」は相手が伝えようとしている内容がわかっていないと打てない、つまり、理解を明示的に示すあいづちである。本研究ではこのように理解を明示的に示すあいづちを「理解あいづち」と呼ぶこととする。

　「理解あいづち」について、NS-Eで使用したのは8名、NS-Nで使用したのは4名で、発話数を集計した結果、NS-Eは平均2.7発話、NS-Nは平均0.8発話であった。この結果についてウィルコクスンの順位和検定を行ったところ、5%水準で有意差が認められた（表5-4）。

表5-4　理解あいづち（NS-E・NS-N）：ウィルコクスンの順位和検定

	NS-E 平均（標準偏差）	NS-N 平均（標準偏差）	Z値
理解あいづち	2.7 (3.0)	0.8 (1.2)	-2.17*

ns: not significant, † p<.10, *p <.05, **p <.01 n=10

　このことから、情報とり場面におけるNS-Eの特徴として、4.1で明らかになったように、あいづちを多用すること、また、そのあいづちの中でもNS-Nと比較して「理解あいづち」を多用することが明らかになった。

4.2.2　非母語話者に対する理解表明

　次に、NNSに対する理解表明発話（以下、「理解表明」）について両グループを分析する。

　理解表明は「わかりました」「大丈夫です」などの発話で、あいづちと同じように話し手から送られた情報を共有したことを伝える表現であり、しかもその積極性はあいづちよりも強い。

　理解表明の発話について、NS-Eで使用したのは7名、NS-Nで使用したのは4名で、発話数を集計したところ、NS-Eが平均1.4発話、NS-Nが

平均0.8発話で、両者に有意な差は見られなかった。

一方、理解あいづちと理解表明の使用分布を集計したところ、両グループに違いが見られた。理解あいづちと理解表明の発話数を協力者別に集計した結果（表5-5）、①併用する、②いずれかを使用する、③不使用という3つのタイプが見られた。その結果をまとめたものを表5-6に示す。

表5-5　理解あいづちと理解表明の発話数

	NS-E			NS-N	
	理あ	理表		理あ	理表
nsEA	1	1	nsNA	0	0
nsEB	7	1	nsNB	1	0
nsEC	0	2	nsNC	0	0
nsED	2	5	nsND	0	1
nsEE	1	1	nsNE	1	0
nsEF	0	3	nsNF	1	0
nsEG	7	0	nsNG	1	0
nsEH	1	1	nsNH	0	2
nsEI	1	0	nsNI	0	2
nsEJ	7	0	nsNJ	0	3

理あ：理解あいづち／理表：理解表明

表5-6　理解あいづちと理解表明の使用分布

	NS-E	NS-N
①	5名（50%）	0名（0%）
②	5名（50%）	8名（80%）
③	0名（0%）	2名（20%）

理解あいづちと理解表明を①併用、②いずれか使用、③不使用

　理解あいづちや理解表明は、提供された情報に対して、理解したことを示す発話である。そのため、聞いていることを示すあいづちなどと比べ、会話中の発話数はそれほど多くないと思われる。よって、ここでは理解あいづちや理解表明を行ったか行わなかったか、つまり、理解を示

す発話の出現の有無が問題になる。

　表5-6から、NS-Nは、2名を除いて8名が、理解あいづちと理解表明を相互補完的に使用しているが、両者を併用する者はいなかったことがわかる。一方、NS-Eは10名中5名が理解あいづちと理解表明のいずれかを使用し、残り5名は両者を併用している。このことから、NS-EはNS-Nに比べ、積極的に理解を示そうとしていたと考えられる。

4.3　母語話者自身の理解促進：確認チェック

　次に、意味交渉のカテゴリーの母語話者自身の理解促進発話のうち、「確認チェック」について分析する。

　「確認チェック」はLong（1983a）の「トラブルが起きた場合に談話を修復するためのタクティクス」に含まれている。接触場面で母語話者が用いる確認チェックとは、話し手の発話を聞き手が正しく理解しているかどうか、聞き手自身が話し手に確認する発話で、話し手の発話があいまいであったものを聞き手自身が言うことによって、あるいは質問形式で確認したり、聞き手が話し手の発話の全部、または一部を繰り返したりして、話し手の発話に対する自分の理解を確認するものである。次のような例である。

〈例5-2〉　確認チェック
01　　　nnsB　そう思って，だからもう［笑いながら］，下からー /ん/
02　→　nsND　　　　　　　　　　　　　　　　　　　　　　　　// 下 ?//
03　　　nnsB　ほ，下，うんうん

　確認チェックの発話数を比較した結果、NS-Eが平均16.7発話、NS-Nが平均11.0発話で、NS-EとNS-Nに有意な差は見られなかった。しかし、NS-EとNS-Nの一連の発話を観察したところ、確認チェックの中には、〈例5-2〉のようにNNSからの情報提供の途中に短い発話内容を確認する確認チェックだけでなく、〈例5-3〉のようにNNSから情報を受け取った後に、まとまった情報の単位で内容を確認する確認チェックが観察された。

　そこで、本研究では後者を「情報単位の確認チェック」と呼び、両グ

ループを比較する。情報単位の確認チェックの分析にあたり、ビデオ作品内の出来事を一定の行為ごとにそれぞれ区切り、さらに会話資料の観察を行って修正したものを「情報単位」[1]として利用する。

以下に、情報単位の確認チェックの例を示す。〈例5–3〉は、nnsDの情報提供の終了を受けて、nsNHがそれまでの情報内容を要約して確認を行っている部分である。

〈例5–3〉　情報単位の確認チェック

01		nsNH	そ，結局なんも，できなかった，ビーンは
02		nnsD	うん，はい，で最後，結局，泣いてしまって
03		nsNH	あ泣いちゃった［笑いながら］
04		nnsD	はい，が，つくえにつっぷしながらー，泣いて，マーマーと泣いて
05		nsNH	あぁー
06		nnsD	うん，はい，終わりました
07	→	nsNH	じゃあ，作戦的には3つ?，/4つ/…
08		nnsD	//うん//あはい4つ
09	→	nsNH	隣寄って，
10		nnsD	はい
11	→	nsNH	あと，そらしてる間とっちゃうのと，フーって紙吹いたのと，あと一鉛筆を落として/って/
12		nnsD	//あはい//，そうです

情報単位ごとの「情報単位の確認チェック」の有無を調査協力者別に分析したところ、情報単位すべてに対して確認チェックを行っていたNS-Eは10名中6名、NS-Nは2名のみであった（表5–7）。

表5–7　情報単位の確認チェックの使用分布

	NS-E	NS-N
情報単位すべて	6人（60%）	2人（20%）
情報単位一部／なし	4人（40%）	8人（80%）
p値	0.085 †	

ns: not significant, † p<.10, *p<.05, **p<.01

表5-7の結果について直接確率計算を行ったところ、偏りに有意傾向が認められた（p=0.085）。このことから、接触経験の多さと情報単位すべてに対する情報単位の確認チェックには、関連性があると考えられる。つまり、接触経験の多いNS-Eは、NNSから情報を一通り受け取った後も、正確な情報を得るために繰り返し、情報内容の確認を行っているということができる。

4.4 非母語話者に対する援助：共同発話
4.4.1 共同発話の定義

宇佐美（2001）は、複数の話者によって完結される1つの文を「共同発話」とし、接触場面における共同発話では、非母語話者が言い淀んでいるところを母語話者が助ける形が多いと指摘している。

本研究では、「共同発話」を、「聞き手が話し手の意図をくみとり、相手の発話を引き取って代わりに発話して完成させ（ようとす）る発話」と定義し、分析を行う。共同発話の例を〈例5-4〉に示す。

〈例5-4〉 共同発話
01		nnsC　お医者さん，歯医者さんがー，準備をしているあい，とき，間にー，/あ，ミスタービーンは/
02	→	nsEE　　//うん、いろいろ遊んでいる//
03		nnsC　はいー，遊ん，でいて，

4.4.2 非母語話者の発話遂行困難表明

母語話者の共同発話は、非母語話者から発話遂行が困難な状態が示されることがきっかけとなって起こることが多い（宇佐美2001）。そこで、母語話者の共同発話を分析する前に、共同発話を誘引する可能性のある「非母語話者の発話遂行困難表明」について、その種類と出現数について分析する。

本研究では、「非母語話者の発話遂行困難表明」を「非母語話者から明示的・非明示的に発話遂行が困難な状態が提示される発話」と定義し、NNSの発話遂行困難表明を程度別に表5-8のように分類した。

本節では表5-8に挙げたNNSの発話遂行困難表明に対するNSの反応

を分析するが、5）、6）、7）、8）が単独で出現している部分については、それだけではNNSの発話遂行困難を表明しているかどうかが判断しにくいため、5）、6）、7）、8）が単独で出現している部分に対するNSの反応は分析の対象からはずすこととした。

NNSの発話遂行困難表明の発話状況を集計したところ、表5-9のようになった。

表5-8　NNSの発話遂行困難表明の程度分類

発話遂行困難の明示の程度			
	高　↓	1）問いかけ／質問	発話遂行困難が明示的に提示されると同時に、直接的に援助を要求される
			「なんというんですか?」「日本語でなんですか?」など
		2）発話遂行困難表現	発話遂行困難が明示的に提示される
			「わからないんですけど」「なんというのかな」など
	中　↓	3）確認要求／反応要求	・発話内容の正否に関する確認を要求される ・発話についての反応を要求される ・発話を途中で切った後、間をとり、反応を待っている様子がうかがえる
			「〜じゃないですか」「〜ですよね」、上昇イントネーションなど
	低　↓	4）5）／6）＋7）／8）の複数要素の複合	5）／6）（音声的特徴）＋7）／8）の要素が組み合わさって、明示的ではないが発話遂行困難が提示される
			5）〜8）の要素の組み合わせ
		5）沈黙／間	不自然な沈黙や間が現れる
		6）発話速度低下	発話速度が前後の発話に比べて著しく低下する
		7）言い淀み	発話の流暢さが前後に比べて著しく低下する
		8）発話遂行困難を推測させる表現	明示的ではないが、発話遂行困難を推測させる表現が使われる
			「なんか」「えっと」など
	なし	9）なし	発話遂行困難が明示的にも非明示的にも示されない

表5-9　NNSの発話遂行困難表明発話状況

		発話遂行困難の明示度		計
		高	中	
nnsA	nsEA	2	8	10
	nsEB	6	14	20
	nsNA	3	9	12
	nsNB	0	11	11
nnsB	nsEC	8	10	18
	nsED	4	12	16
	nsNC	6	6	12
	nsND	5	11	16
nnsC	nsEE	0	9	9
	nsEF	0	10	10
	nsNE	2	4	6
	nsNF	0	7	7
nnsD	nsEG	3	8	11
	nsEH	0	4	4
	nsNG	1	3	4
	nsNH	1	4	5
nnsE	nsEI	6	15	21
	nsEJ	5	18	23
	nsNI	1	21	22
	nsNJ	3	28	31

　発話遂行困難表明の総計（表5-9最右列）についてNS-EとNS-Nの差が見られるかを分析したところ、有意差は認められなかった（表5-10）。このことから、接触経験が異なる相手であっても、NNSの発話遂行困難表明の発話数には差がない、つまり、NNSはNS-Eに対してもNS-Nに対しても発話遂行困難表明を大差なく行っていたと言える。

表5-10 発話遂行困難表明（NS-E・NS-N）：ウィルコクスンの順位和検定

	NS-E 平均（標準偏差）	NS-N 平均（標準偏差）	Z値
発話遂行困難表明	14.2 (6.25)	12.6 (8.49)	0.57ns

ns: not significant, †p<.10, *p <.05, **p <.01 n=10

4.4.3 非母語話者の発話遂行困難表明に対する母語話者の反応の種類

次に、表5-8で示したNNSの「発話遂行困難表明」に対するNSの反応を分析する。分析の結果、NNSの「発話遂行困難表明」に対して、(1) 聞いているあいづち、(2) 聞き返し、(3) 共に考えるサイン、(4) 相手発話の肯定／否定、(5) 遠慮がちな共同発話、(6) 自信のある共同発話、が観察された。以下に詳述する。

(1) 聞いているあいづち (A/B/C)

NSが話を聞いていることを示すために使用するあいづちである。第3章では、あいづちと「わかりました」などの理解表明を合わせて「共有表明」としたが、それらを細かく分類したものが表5-11である。

会話データからは、NNSの発話遂行困難表明に対して、聞いていることを示すあいづちA、B、Cが観察された。聞いているあいづちはA、B、Cの順で相手の発話を理解していることを示すあいづちに近くなる。

表5-11 共有表明の下位分類

聞いている↓理解している↓	A	はい系	「うん」「ええ」「はい」など
	B	その他	「へえー」「ほおー」「あぁー」など.
	C	A重複 B重複 A+B複合	「うんうん」など 「へえーへえー」など 「ああーうん」「うんへえー」など
	D	そう系	「そうですか」「そうなんですか」「そう」など
	E	その他	「なるほど」「本当ですか」など
	F	A/B/C ＋ D/E/F複合	「へえ，そうですか」「ああー，なるほど」など
理解表明			「わかりました」、下降調の繰り返しなど

(2) 聞き返し
　NNSの発話遂行困難表明に対して、「ん?」や上昇調の繰り返しで、発話内容を聞き返すもの。聞き返すだけで、発話遂行困難表明に対する直接的な解決は試みない。

(3) 共に考えるサイン
　NNSの発話遂行困難表明に対して、あいづちとは異なる「んー」、「なんだろう」などを用い、NNSの言いたいことを共に考えていることを示す発話。サインは示すが、発話遂行困難表明に対する直接的な解決は行わない。

(4) 相手発話の肯定／否定
　NNSの確認要求（「〜ですか?」など）に対して、「はい」「うん」、「いいえ」「ううん」などで、発話内容を肯定したり否定したりする発話。あいづちとは異なる。

〈例5-5〉　相手発話の肯定
01　　　　nnsA　ん，レントゲン立て，
02　　　　nsEA　はい
03　　　　nnsA　ん，といいますか？
04　→　　nsEA　うん

(5) 遠慮がちな共同発話
　上昇調や疑問の形でNNSの発話意図をくみとって先取りして完成させようとする発話。聞き返しとは異なり、NNSの発話意図をくみとって先取りするもの。

〈例5-6〉　遠慮がちな共同発話
01　　　　nnsA　それから，あの，なんか，枕一の中に入っている，なんか，ファンファンの，物…
02　→　　nsNA　あ，羽とか/ですか？
03　　　　nnsA　　　　　　//羽とか，うん

(6) 自信のある共同発話

NNSの発話意図をくみとって完成させようとする発話。上昇調や疑問の形はとらず、NNSの発話を予測して完成させることへの積極性がうかがえる発話。

〈例5-7〉　自信のある共同発話
01　　　　nnsA　　まあ自分も…
02　→　　nsEB　　/ああ，だめだろうっと思って，はい/
03　　　　nnsA　　//なんかん，たぶんだめだろう//と思って，
04　　　　nsEB　　うん

4.4.4　非母語話者の発話遂行困難表明に対する母語話者の反応の出現傾向

次に、表5-8で示したNNSの発話遂行困難の明示度とNS発話の関連を分析する。NS-EとNS-NのNNSの発話遂行困難の明示度「高」に対する反応（1）～（6）と、NNSの発話遂行困難の明示度「中」に対する反応（1）～（6）を分析し、接触経験の差が影響しているかを明らかにするため、（1）～（6）の反応を示した人数を集計し、表5-12に示す。数字は人数を表す。

表5-12　発話遂行困難表明に対する反応（明示度別／接触経験別）

| | 発話遂行困難の明示度 | | | |
| | 高 | | 中 | |
	NS-E	NS-N	NS-E	NS-N
(1) 聞いているあいづち（A/B/C）	1人	6人	10人	10人
(2) 聞き返し	4人	6人	3人	5人
(3) 共に考えるサイン	4人	1人	4人	1人
(4) 相手発話の肯定／否定	10人	10人	6人	4人
(5) 遠慮がちな共同発話	0人	0人	4人	2人
(6) 自信のある共同発話	6人	4人	9人	4人

表5-12の結果について、それぞれを使用した人数に偏りがあるかどうかを明らかにするため、直接確率計算を行ったところ、NNSの発話遂

行困難の明示度「高」に対する反応（1）～（6）についてはいずれも有意差は認められなかった。

一方、NNSの発話遂行困難の明示度「中」に対する反応（1）～（6）では、「（6）自信のある共同発話」について接触経験による差が認められた。NS-Eは10名中9名に「自信のある共同発話」が観察されたのに対し、NS-Nは10名中4名にしか観察されなかった。この結果について直接確率計算を行ったところ、偏りに有意傾向が認められた（表5–13）。

表5–13　自信のある共同発話（*NS-E*・*NS-N*）：直接確率計算

	NS-E	NS-N	p値
自信のある共同発話あり	9人	4人	0.0572 †
自信のある共同発話なし	1人	6人	

ns: not significant, † p<.10, *p<.05, **p<.01

このことから、「自信のある共同発話」と接触経験には関連性があると考えられる。つまり、接触経験が多いNS-Eほど、発話遂行困難の表明が明確でない場合でも、NNSの発話遂行困難を察知して自信を持って共同発話を行う傾向があると言える。

4.4.5　発話遂行困難表明から解決（終結）までのターン数

次に、NNSの「発話遂行困難表明」から解決（終結）に至る一連のターン数を分析する。〈例5–8〉は、nnsBの発話遂行困難表明から始まり、nsECが共同発話で援助した後、nsECから解決の合図（「うんうん」）が出るところまでが一連のターンであり、〈例5–8〉は4ターンである。

〈例5–8〉　発話遂行困難表明から解決（終結）までのターン

```
01        nnsB    す，いりょ，いりょう？
02   →    nsEC    /治療?/
03        nnsB    //治療，///治療を，/
04   →    nsEC            //うんうん//
```

集計の結果、NS-Eは平均4.3ターン、NS-Nは平均3.03ターンで、ウ

ィルコクスンの順位和検定の結果、5%水準で有意差が認められた（表5-14）。

表5-14 ターン数（NS-E・NS-N）：ウィルコクスンの順位和検定

	NS-E 平均（標準偏差）	NS-N 平均（標準偏差）	Z値
ターン数	4.23 (3.28)	3.03 (1.97)	2.22*

ns: not significant, †p<.10, *p <.05, **p <.01 n=10

　このことから、NS-EのほうがNS-Nよりも「発話遂行困難表明」から解決（終結）に至る一連のターン数が有意に多いと言える。NS-Eは、NNSの「発話遂行困難表明」に対して解決（終結）までに相手の発話意図を確認したり、相手の発話を促すあいづちを入れたりしながら、NNSの発話遂行困難な状態の打開に向けて、さまざまな方略を使用している可能性が考えられる。

4.5　言語行動面の分析のまとめ

　本節では、情報とり場面における接触経験の多いNS-Eと少ないNS-Nの発話の特徴について、発話機能別発話数の集計結果で差が見られた1項目（あいづち）と、集計結果では差が見られなかったが、質的に分析した結果、違いの見られた確認チェックと共同発話について分析した。

　その結果、NS-Eは言語行動面で、(1)あいづちを多用する、(2)理解表明と理解あいづちを併用する、(3)正確な情報を得るために繰り返し、情報内容の確認を行う、(4)NNSの発話困難を察知して積極的に援助を行うという4つの情報とり方略を用いていることが明らかになった。つまり、接触経験を経てNSはこの4つの方略を学習し、実践しているということである。以上の結果を表5-15にまとめる。

表5-15　情報とり場面のNS-ℰ発話の特徴

発話カテゴリー		発話機能	言語行動面
情報要求		情報要求	—
共有表明		あいづち	多用する 理解あいづちも多用する
		理解表明	理解あいづちと併用する
意味交渉	母語話者自身の理解促進	確認チェック	何度も繰り返し確認する
		明確化要求	—
	非母語話者に対する援助	共同発話	発話遂行困難な状態を察知して積極的に行う

次節では質問紙調査の結果からNS-E、NS-N、NNSの意識面の分析を行う。

5　意識面の分析

本節では、NSの自己発話に対する意識とNNSのNS発話に対する意識を分析する。

5.1　分析方法

NSに、自己の発話について12項目の質問紙調査を行い、それぞれ5段階評価で自己評価してもらった。評定値5は「そのようにした」、評定値1は「全然そのようにしなかった」という評価である。つまり、評定値が高いほど、質問項目の行為を意識的に行ったということである。質問項目を表5-16に示す。

表5-16　NSに対する情報とり場面に関する質問項目

あなたがビデオの後半部分の内容を聞いていたとき　（←情報とり場面）
 1. 相手の発話を促すために、質問を多くした。
 2. 相手の話を聞いていることを示すためにうなずいたりあいづちを多くした。
 3. リラックスした雰囲気を作った。
 4. 相手の話の内容が多少理解できなくても、追求しなかった。
 5. にこやかにした。
 6. 相手の感情・感じていることをくみとった。
 7. 相手がもたもた話していても、途中で口をはさまず最後まで聞いた。
 8. つまらなくてもおもしろそうにした。
 9. 自分の感情は抑えた。
10. 相手の発話について、自分の感想を積極的に述べた。
11. 相手が適切な言葉を見つけられないとき、援助した。
12. 相手の発話についての自分の理解が正しいか、確認した。

また、NNSにもNSの発話について10項目の質問紙調査を行い、それぞれ5段階評価で自己評価してもらった。NNSの質問項目は、NSの発話についてNNSがどのように感じたかを評価するもので、評定値5は「そう思う」、評定値1は「ぜんぜんそう思わない」という評価である。つまり、評定値が高いほど、NNSはNSが質問項目の行為をよく行っていたと感じたということである。質問項目を表5-17に示す。

表5-17　NNSに対する情報とり場面に関する質問項目

あなたがビデオの後半部分の内容を話していたとき、<u>日本人</u>は、
　　　　　　　　　　　　　　　　　　　　　　（↑情報とり場面）
 1. たくさん質問した。
 2. あいづちが多かった。
 3. リラックスした雰囲気を作った。
 4. あなたの話がわかっていなかった。
 5. にこにこしていた。
 6. あなたの話を最後までよく聞いた。
 7. あなたがこまったとき、助けた。
 8. あなたの言葉をくりかえしたり、まとめたりした。
 9. あなたの気持ちがよくわかっていた。
10. 自分の意見をたくさん話した。

5.2　母語話者の意識面の分析

まず、NNSの意識面の分析を行う。情報とり場面におけるNS-Eと

NS-Nの意識面を比較したt検定の結果を表5-18に示す。表5-18は、各質問項目について、NS-EとNS-Nの自己評価の平均値と標準偏差、t値を示したものである。

平均値を見ると、NS-EもNS-Nもそれぞれの項目に対して、3以上の評定値の項目が多く、NS-Eは9項目においてNNSに対して配慮し、NS-Eは7項目においてNNSに対して配慮していたことがわかった。

では、両グループの意識に差は見られるのだろうか。表5-18についてt検定を行った結果、情報とり場面におけるNS-EとNS-Nの意識面で、「2.相手の話を聞いていることを示すためにうなずいたりあいづちを多くした。」($t(18) = 1.76, p<.10$)、「6.相手の感情・感じていることをくみとった。」($t(18) = 1.74, p<.10$)の2項目で有意傾向となった。つまり、情報とり場面でNSがNNSから情報を受け取っている際、NS-EはNS-Nよりも聞いていることを示したり、相手の気持ちを察することに意識を向ける傾向があったということである。

表5-18　情報とり場面（NS-E・NS-N）：t検定

	NS-E 平均（標準偏差）	NS-N 平均（標準偏差）	t値
1. 相手の発話を促すために、質問を多くした。	3.7 (1.06)	2.7 (1.49)	1.73 ns
2. 相手の話を聞いていることを示すためにうなずいたりあいづちを多くした。	4.6 (0.52)	4.1 (0.74)	1.76 †
3. リラックスした雰囲気を作った。	4.0 (1.25)	3.9 (0.74)	0.22 ns
4. 相手の話の内容が多少理解できなくても、追求しなかった。	2.8 (0.92)	2.0 (1.15)	1.71 ns
5. にこやかにした。	4.3 (0.82)	4.0 (0.67)	0.90 ns
6. 相手の感情・感じていることをくみとった。	4.4 (0.97)	3.7 (0.82)	1.74 †
7. 相手がもたもた話していても、途中で口をはさまず最後まで聞いた。	3.2 (1.32)	3.4 (0.84)	-0.40 ns
8. つまらなくてもおもしろそうにした。	2.7 (1.42)	2.7 (1.06)	0.00 ns
9. 自分の感情は抑えた。	2.6 (1.26)	2.3 (0.95)	0.60 ns
10. 相手の発話について、自分の感想を積極的に述べた。	3.0 (1.15)	2.8 (1.32)	0.36 ns
11. 相手が適切な言葉を見つけられないとき、援助した。	3.7 (1.34)	3.7 (1.57)	0.00 ns
12. 相手の発話についての自分の理解が正しいか、確認した。	4.2 (1.23)	3.6 (1.26)	1.08 ns

ns: not significant, † $p<.10$, * $p<.05$, ** $p<.01$　df=18 n=10

前節でNS-Eは言語行動面で、あいづちを多用すること、理解表明と理解あいづちを併用することが明らかになったが、「2. 相手の話を聞いていることを示すためにうなずいたりあいづちを多くした」の比較の結果、NS-Eのほうが評定値が高かったことからもこのことが裏づけられた。

　また、NS-EはNNSの気持ちを推し量ろうとする意識も高い傾向にあった（「6. 相手の感情・感じていることをくみとった」）が、このことはあいづちや理解表明の使用とともに、前節で明らかにした共同発話の積極的な使用を裏づけていると考えられる。

　しかしながら、「11. 相手が適切な言葉を見つけられないとき、援助した」については、NS-EもNS-Nも差がなく、どちらのグループもNNSが言いたいことを察して、NNSを助けたいと考えていたことがうかがえる。

　したがって接触経験を経た結果、NS-Eは意識的にあいづちを多用し、NNSの気持ちを察することにより意識的になると言えるが、NNSを援助しようという気持ちに両グループの差はないことがわかった。

　一方、NS-Eに多い確認チェックでは「12. 相手の発話についての自分の理解が正しいか、確認した」について両グループの差が現れなかったことから、NS-Eは学習の結果としての確認チェックの変化を十分には意識していなかったと考えられる。

　NS-Eの意識面と言語行動面の関連をまとめたものが表5-19である。

表5-19　NS-Eの情報とり方略とNS-Eの意識面の関連

		情報とり方略	情報とり方略と自己モニターの関連
共有表明		あいづち 理解表明	差なし
意味交渉	母語話者自身の理解促進	確認チェック	差あり
	非母語話者に対する援助	共同発話	差あり（傾向）

　表5-19は、NS-Eの言語行動面で観察された情報やり方略と、それに

対する自己モニターの有無を示したものである。

　情報とり場面において、NS-Eのほうが、NS-Nよりも共有表明や共同発話を意識する傾向が見られた。よって、情報とり場面ではNS-Eは自身の発話の方法に対して意識的だということができる。つまり、自己モニターが働くということであり、NS-Eは自身の発話に対して注意を払っており、自身がどのような方法を使って相手から情報を引き出したかに意識を向けているということである。

　これらの結果から、NNSから情報を引き出すという行為は接触経験の多いNS-Eにとって、自己発話の言語形式に注意を払わなければならないほど、慎重に行われる行為であると言える。

5.3　非母語話者の意識面の分析

　次に、NNSの意識面の分析を行う。情報とり場面におけるNNSの対NS-E、対NS-Nの意識面を比較したt検定の結果を表5-20に示す。表5-20は、各質問項目について、NNSの対NS-Eと対NS-N評価の平均値と標準偏差、t値を示したものである。

表5-20　情報とり場面（NNS:対NS-E・対NS-N）：t検定

	NS-E 平均（標準偏差）	NS-N 平均（標準偏差）	t値
1.たくさん質問した。	3.3　(0.95)	2.4　(1.17)	1.89 †
2.あいづちが多かった。	4.3　(0.82)	3.7　(0.95)	1.51 ns
3.リラックスした雰囲気を作った。	4.6　(0.70)	3.8　(1.32)	1.70 ns
4.あなたの話がわかっていなかった。	1.5　(0.53)	2.2　(0.63)	−2.69**
5.にこにこしていた。	4.3　(0.82)	4.0　(1.25)	0.63 ns
6.あなたの話を最後までよく聞いた。	4.9　(0.32)	4.4　(0.70)	2.06 †
7.あなたがこまったとき、助けた。	4.6　(0.70)	3.9　(1.20)	1.60 ns
8.あなたの言葉をくりかえしたり、まとめたりした。	4.4　(0.70)	3.1　(1.10)	3.15*
9.あなたの気持ちがよくわかっていた。	4.3　(0.67)	3.6　(1.07)	1.74*
10.自分の意見をたくさん話した。	4.0　(0.82)	3.4　(1.26)	1.26 ns

ns: not significant, † $p<.10$, * $p<.05$, ** $p<.01$　df=18 n=10

　t検定の結果、情報とり場面における対NS-Eと対NS-Nの意識面には、5項目において有意差と有意傾向が認められた。

まず、「4.あなた(NNS)の話がわかっていなかった」において、両者の差は1%水準で有意であった（t(18) = -2.69, p<.01）。したがって、NNSは、NS-NのほうがNNSの話を理解していないと感じていたと言える。また、「8.あなた(NNS)の言葉をくりかえしたり、まとめたりした」については、両者の差は5%水準で有意であった（t(18) = 3.15, p<.05）ことから、NNSは、NS-EのほうがNNSの言葉を繰り返したり、まとめたりしてくれたと感じていたと言える。

さらに、3項目について有意傾向が認められた。まず、「1.たくさん質問した」では、NS-Eのほうがたくさん質問したと感じる傾向にあったと言える（t(18) = 1.89, p<.10）。次に、「6.あなた(NNS)の話を最後までよく聞いた」では、NS-Eのほうが話を最後まで聞いてくれたと感じる傾向にあった（t(18) = 2.06, p<.10）。最後に「9 あなた(NNS)の気持ちがよくわかっていた」では、NS-Eのほうが気持ちをよくわかってくれたと感じる傾向にあった（t(18) = 1.74, p<.10）。

4.2と5.2から、NS-Eがあいづちを意識的に多用していたことが明らかになったが、NNSは特にNS-Eのほうがあいづちを多く使用していたと感じてはいないことがわかった。あいづちはタイミングやイントネーションによっては、相手の話の流れを遮る結果になってしまうこともある（堀口1997）が、実際にはNE-Eのほうがあいづちを多く使用していたにもかかわらず、NNSの意識調査において「2.あいづちが多かった」の結果に有意差がなかったことから、NNSは2グループのあいづちの量に関して違いを感じていなかったこと、また、「6.あなたの話を最後までよく聞いた」でNS-Eの評定値が高い傾向が見られたことから、NNSはNS-Eのあいづちによって、話の流れを遮られたと感じてはいなかったと言える。

一方、「4.あなたの話がわかっていなかった」の評定値はNS-Nのほうが他の項目と比べて特に有意に高かったのに対し、「9.あなたの気持ちがよくわかっていた」の評定値はNS-Eのほうが高かった。このことから、NNSはNS-Nに対して、「本当に私の話をわかっているのだろうか」という不安を感じていた可能性がある。この結果には、NS-Nのあいづち、特に理解あいづちの少なさや、理解表明と理解あいづちの併用がなかったことが影響していると思われる。反対に、この結果からNS-Eの

あいづちや理解表明は有効に働いていたと考えられる。
　また、「8.あなたの言葉をくりかえしたりまとめたりした」についてはNS-Eのほうが有意に高かった。4.3で、NS-EとNS-Nの確認チェック自体の発話数には差がなかったことがわかったが、NS-Eは情報を一通り受け取った後、再度確認のために行った情報単位の確認チェックを多く行っていた。NNSの意識には、このことが大きく影響したのではないだろうか。また、この方略は5.2において、NS-Eが無意識で行っている方略であると述べたが、NNSからはしっかりと認識されていたことになる。
　「9.あなたの気持ちがよくわかっていた」の評定値はNS-Eのほうが高かったが、「7.あなたがこまったとき、助けた」では、両グループに差はなかった。このことは、NNSはNS-Eのほうが気持ちを察してくれると感じる傾向にあったが、特にNS-Eのほうが困ったときに助けてくれたと感じていたわけではないことを示している。4.4で明らかになったように、NNSから発話遂行困難な状態が示されると、NSはさまざまな反応を示していた。それらの反応のうち、直接的にNNSの援助を行う共同発話（(5) 遠慮がちな共同発話／(6) 自信のある共同発話）は、その一部であったことがわかる。よって、NNSの発話遂行困難表明に対するNS-E、NS-Nの反応が多岐にわたっていたことが、この意識面に影響したと考えられる。
　また、「1.たくさん質問した」という質問項目について、NNSはNS-Eのほうがたくさん質問したと感じる傾向にあったが、言語行動面の「情報要求」ではNS-EとNS-Nに発話数の差はなかった。ここで考えられるのは、「質問」が、情報要求以外の発話機能も含めた質問形式全般としてNNSに認識されていたという可能性である。質問形式の発話は情報要求の他に、NSが自分の理解を確認するために質問形式で行う確認チェック、明確化要求などがある。明確化要求において発話数に差は見られなかったが、確認チェックについては質問形式とそれ以外の形式（繰り返し、要約、精密化など）で発話数に差が見られた。その結果を表5–21に示す。

表5-21 質問形式以外の確認チェックと質問形式の確認チェック

	NS-E	NS-N
	発話数（％）	発話数（％）
質問形式以外	167（75.2）	110（83.3）
質問形式	55（24.8）	22（16.7）

表5-22 残差の一覧表

	NS-E	NS-N
質問形式以外	−2.351*	2.351*
質問形式	2.351*	−2.351*

ns: not significant, † $p<.10$, * $p<.05$, ** $p<.01$

　表5-21の結果についてχ二乗検定を行ったところ、5％水準で有意であった（$\chi^2(1)=5.528, p<.05$）。残差分析の結果、NS-Eの質問形式の確認チェックが高く、NS-Nの質問形式の確認チェックが低かった（表5-22）。この結果から、NNSがNS-Eのほうが「1.たくさん質問した」と意識していた要因には、情報要求だけでなく、確認チェックが影響していたと考えられる。
　NNSの対NS-Eと対NS-Nの意識面と言語行動面の関連をまとめると、表5-23のようになる。

表5-23　NS-Eの情報とり方略とNNSの意識面の関連

	NS-Eの情報とり方略		他者モニター
共有表明		あいづち	○
		理解表明	
意味交渉	母語話者自身の理解促進	確認チェック	○
	非母語話者に対する援助	共同発話	×

　表5-23は、NS-Eの言語行動面で観察された情報とり方略と、それに対するNNSの他者モニターの有無を示したものである。この表から、

NNSは、NS-Eが使用している情報とり方略を意識していたということができる。

　吉田（1991）は産出（話す・書く）について、自己発話の言語の形式部分に対するモニター（M）が働くとしている。とするならば、NNSはNSに情報を与える場面（ここではNSの情報とり場面）において、自身の発話の言語形式に対するモニターだけでなく、NS発話に対する他者モニターも働かせているということができる。NNSの他者モニターが働くということは、NNSがNSの発話、特に言語形式に対して注意を払っているということであり、NNSにとって情報を与えるという行為は、自身の発話についてモニターするだけでなく、自身が与えた情報をNSがきちんと理解してくれているか、NSの反応もモニターしながら行われる行為であると言える。

　一方で、情報やり場面ではNNSの対NS-Eと対NS-Nの意識の差が見られなかったのに対し、情報とり場面では10項目中5項目についてNNSの対NS-Eと対NS-Nの意識の差が見られたことから、NSは自分が情報の与え手となった場合、情報の受け手であるNNSの反応に対して非常に敏感であるということができる。

5.4　意識面の分析のまとめ

　以上、NSの自己発話に対する意識とNNSのNS発話に対する意識を分析した。分析の結果、情報やり場面とは異なり、NSの意識にもNNSの対NSの意識にも両グループで差が見られた。情報とり場面の意識面の分析結果を表5-24にまとめる。

表5-24　*NS-Eの情報とり方略とNS-E・NNSの意識面の関連*

	情報とり方略		自己モニター NS-E	他者モニター NNS
共有表明		あいづち 理解表明	○	○
意味交渉	母語話者自身の 理解促進	確認チェック	×	○
	非母語話者に 対する援助	共同発話	△	×

表5-24から、接触経験を経てNSはあいづちや理解表明を意識的に使用し、相手の気持ちを察して共同発話を行うようになるが、援助の意識は接触経験による差はないこと、また、確認チェックに関してはその変化を意識することなく使用している方略であることがわかる。

NNSもあいづちや理解表明、確認チェックに関してはNS-Eの情報とり方略の使用を意識しながら会話を進行していったことがわかる。しかし、共同発話に関しては意識化されない、つまり認識されていない方略であることがわかった。

次に、これまでの分析の結果をまとめる。

6 本章のまとめ

以上、接触場面の情報とり場面において、母語話者の情報とり方略に接触経験が及ぼす影響を分析した。

分析の結果、接触経験の多い母語話者は、(1) 意識的にあいづちを多用する、(2) 理解表明と理解あいづちを併用する、(3) 正確な情報を得るために繰り返し、情報内容の確認を行う、(4) 非母語話者の発話困難を察知して積極的かつ自信のある共同発話を行うという4つの情報とり方略を用いていることを明らかにした。

また、(4) に関して、非母語話者の「発話遂行困難表明」に対する母語話者の反応に着目して分析を行った結果、次の3点が明らかになった。①接触経験の多寡にかかわらず、NSはNNSの発話遂行困難表明に対してさまざまな反応を示す。②接触経験が多いNS-Eは、NNSの発話遂行困難の表明が明確でない場合でも、自信を持って共同発話を行う傾向がある。③接触経験が多いNS-Eは、NNSの「発話遂行困難表明」に対して解決（終結）までにNNSの発話遂行困難な状態の打開に向けてさまざまな方略を用いている。

また、NS-Eは (1)(2)(4) の方略については意識しているものの、(3) についてはあまり意識されておらず、NNSは (4) を除いた (1)(2)(3) の方略についてはそれらの方略の使用を認識していることが示された。

以上の結果をまとめると、表5-25のようになる。

表5-25 NS-ℰ発話の特徴とNS-ℰ発話に対するNS-ℰ・NNSの意識

発話カテゴリー		発話機能	言語行動面	意識面	
				NS-E	NNS
情報要求		情報要求	—	—	—
共有表明		あいづち	多用する 理解あいづちも多用する	○	○
		理解表明	理解あいづちと併用する		
意味交渉	母語話者自身の理解促進	確認チェック	何度も繰り返し確認する	×	○
		明確化要求	—	—	—
	非母語話者に対する援助	共同発話	発話遂行困難な状態を察知して積極的に使用する	△	×

　以上の分析から、母語話者は接触経験を経て、非母語話者から情報を受け取る際に、聞いていること、理解していることを意識的・積極的に示し、意識することなく自身の受け取った情報が正しいかどうかを何度も確認するようになると同時に、非母語話者が困っているときには意識的・積極的に援助するようになることがわかる。また、非母語話者も自分が情報を提供する際は、母語話者の反応に注意を向けていると言える。

　次章では、これまでの分析から、母語話者の言語行動と意識に焦点を当て、母語話者が接触経験を経て学習する情報やりとりのモデルを構築する。

注　[1]　4作品の情報単位数は前後半合わせて、それぞれ作品番号（1）が9、作品番号（2）が7、作品番号（3）が8、作品番号（4）が13であった。

第6章　母語話者の情報やりとり方略の学習モデルの構築

本章では、第4章、第5章の分析にもとづき、日本語教育の経験を持たない母語話者が接触経験を通じて学習する情報やりとり方略の学習モデルを構築する。

1　母語話者の情報やりとり方略の学習モデル

前章までに、接触場面の情報やりとりの枠組みを設定し（第3章）、情報やりとりの場面における母語話者、特に日本語教育の経験を持たない母語話者の言語行動と意識、非母語話者の意識を探索的に明らかにした（第4、5章）。

ここまでは、調査協力者（男女各10名、計20名の母語話者）の接触場面における言語行動や、言語行動と意識との関わりについて分析し、個人差を排除して調査協力者に共通する特徴や、接触経験に差があるグループそれぞれに共通の特徴の抽出を試みてきたが、本章では、これまでの分析の総括として、日本語教育の経験を持たない母語話者が、非母語話者との接触経験を通じて学習する情報やりとり方略の学習プロセスを明らかにし、「母語話者の情報やりとり方略の学習モデル」として構築することを目指す。

第4章、第5章で明らかにした接触経験の多い母語話者が用いる情報やりとり方略は、母語話者が非母語話者との接触経験を通じて学習し、使用するようになった方略であり、特別な訓練を受けたものではない。本研究における「母語話者の情報やりとり方略の学習モデル」とは、日本語教育の経験を持たない母語話者が、特別な訓練を受けることなく非母語話者との接触経験を通して学習する情報やりとりの方略の学習プロ

セスである。よって、このモデルを構築することにより、一般の日本語母語話者のコミュニケーション上の調節の過程の一端を明らかにすることができると考える。

2 母語話者の情報やり方略の学習モデルの構築

本節では、母語話者の情報やり方略の言語面と意識面の変化（第4章）の概略を示し、母語話者の情報やり方略の学習モデルを提示する。

2.1 母語話者が接触経験を通じて学習する情報やり方略と意識

情報やり場面の分析の結果、NS-Eは、以下のような情報やり方略を用いていることを明らかにした。

情報やり方略（1）　情報の切れ目が明確な文単位の発話を多く用いる。
情報やり方略（2）　理解チェックを用いて、NNSに対して躊躇なく理解を確認する。
情報やり方略（3）　NNSからの不理解表明がなくても自発的に発話修正を行う。

しかし、NS-Eの自己発話に対する意識を分析したところ、この3つの方略に関して、接触経験の多寡による差は見られないことが明らかになった。以下にそれぞれの方略の言語面と意識面の変容（第4章）をまとめ、それらをもとに、一般の母語話者の情報やり方略の学習モデルを構築する。

情報やり方略の変容（1）　文単位での情報提供

図6-1は、情報提供における文単位の発話の接触経験による推移とそれに関連する意識面の推移を示したものである。
図の左縦軸と棒グラフは文単位の発話の全情報提供発話に占める割合を、右縦軸と線グラフは意識面の評定値の平均（評定値1～5）を示す。
図6-1を見ると、情報の切れ目が明確な文単位の発話（文末が「です・

ます」などではっきりと区切られる発話)は、接触経験が少ない段階では、「情報提供」の全発話のうち、41.7％なのに対し、接触経験が多くなると59.3％を占めるようになる。一方、質問紙の項目で直接対応する項目はないが、文の切れ目という観点から「ですます体で話した」、簡潔さという観点から「文法的に正しく話した」の2項目を見ると、「ですます体で話した（ですます体）」の評定値は2から3.3、「文法的に正しく話した（正しい文法）」の評定値は2.3から2.4へ若干高くなるものの、有意な差ではなく[1]、意識的な変化はあまりないことがわかる。

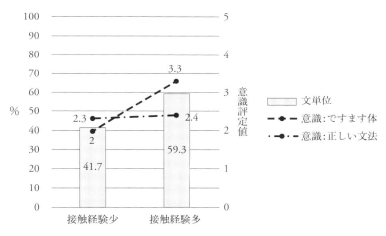

図6-1　情報提供：文単位の発話（割合）／意識

このことから、接触経験を経ると、複雑な長文ではなく短文の組み合わせによる「簡潔な伝達手段への移行」が行われるようになるが、これは言語的調節のみであり、意識的には大きな変化はないと言える。

情報やり方略の変容（2）　躊躇のない理解確認

図6-2は、理解チェックの接触経験による推移と、意識面の推移を示している。

図の左縦軸と棒グラフは理解チェックの頻度（平均）を、右縦軸と線グラフは意識面の評定値の平均（評定値1〜5）を示す。

図6-2によると、接触経験を経て、理解チェックの使用数は平均0.6回から平均2.7回に飛躍的に伸びているのに対し、「相手が理解しているか注意しながら話した（相手の理解への配慮）」の評定値は接触経験が少ない段階でも多い段階でも4.4と、高い評定値でまったく変わらなかった。このことから、相手の理解に配慮するという意識は、接触経験が少なくても多くても常に高く、変化しないことがわかる。

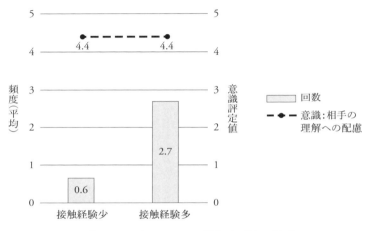

図6-2　理解チェック：頻度（平均）／意識

このことから、接触経験があってもなくても、相手の理解への配慮は変わらないが、接触経験を経ると、非母語話者に直接的に情報を理解しているか否かを確認する「非母語話者の理解の明示的確認」が言語的調節によって積極的に行われるようになると言える。

情報やり方略の変容（3）　自発的な自己発話の修正

図6-3は、「自発的発話修正」についての接触経験による推移と、意識面の推移を示している。

図の左縦軸と棒グラフは自己発話の修正全体における自発的発話の修正の割合を、右縦軸と線グラフは意識面の評定値の平均（評定値1〜5）を示す。

図6-3から、自己発話の修正全体における自発的発話の修正の割合は22％から70.7％に伸びているが、「相手が理解しにくいと思う語彙を避け、簡単な語彙を選んで話した（簡単な語彙の選択）」の評定値は3.2から3.6、「相手が、あなたが言ったことを理解できないと判断したとき、その言葉を別の言葉に言い換えた（言い換え）」の評定値は4から4.4と、若干の上昇にとどまり、有意な差とは言えず、意識的な変化はあまりないことがわかる。

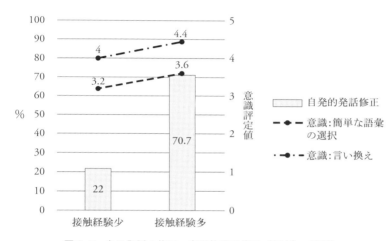

図6-3　自己発話の修正：自発的発話修正（割合）／意識

　このことから、接触経験を経て、一般の母語話者は言語行動面では非母語話者の不理解を察知し、トラブルが発生する前に自己の発話を修正する「非母語話者の不理解の予測と問題発生の予防」という調節を言語的に行うようになるが、その言語的調節の変化を明確に意識しているわけではないと言える。
　以上のことから、母語話者は接触経験を経て、非母語話者に情報を提供する際にわかりやすさを心がけながら短い文単位で情報を提供するという「簡潔な伝達手段」へ移行し、「非母語話者の理解の明示的確認」を行うようになると同時に、「非母語話者の不理解の予測と問題発生の予防」を、自発的に発話を修正することで行うようになるが、その言語的

調節の変化を明確に意識しているわけではないことが示された。

2.2 母語話者の情報やり方略の学習モデル

2.1を受けて、接触経験を経て学習される情報やり方略の学習モデルを図6-4に示す。

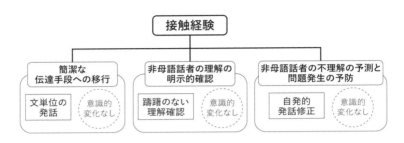

図6-4 接触経験を通じた母語話者の情報やり方略の学習モデル

接触経験を通じて母語話者は非母語話者に対する言語的調節を多く行うようになる。具体的には、複雑な長文ではなく短文の組み合わせによる「簡潔な伝達手段への移行」、非母語話者に直接的に理解しているか否かを確認する「非母語話者の理解の明示的確認」、非母語話者の不理解を察知してトラブルが発生する前に自己の発話を修正する「非母語話者の不理解の予測と問題発生の予防」という言語的調節である。このような調節は母語話者が自らの非母語話者との接触経験だけを通じて学習してきたものであり、日本語教育の経験がなくても自然に身につけることのできる調節であると考えることができる。

しかし、これらの言語的調節の変化に対して母語話者が意識的であったかというとそうではない。図6-4中の円部分が示しているように、接触経験の多寡にかかわらず、母語話者の意識に変化は見られなかったことから、これらの言語的調節は学習され、使用されるようになるものの、それらの言語的調節の変化と意識は必ずしも結びついていないと言える。

3 母語話者の情報とり方略の学習モデルの構築

次に、母語話者の情報とり方略の言語面と意識面の変化（第5章）の概略を示し、一般の母語話者の情報とり方略の学習モデルを提示する。

3.1 母語話者が接触経験を通じて学習する情報とり方略と意識

情報とり場面の分析の結果、NS-Eについて、以下の4つの方略の使用が認められた。

情報とり方略（1）　意識的にあいづちを多用する。
情報とり方略（2）　理解表明と理解あいづちを併用する。
情報とり方略（3）　正確な情報を得るために繰り返し、情報内容の確認を行う。
情報とり方略（4）　非母語話者の発話困難を察知して積極的かつ自信のある共同発話を行う。

NS-Eの自己発話に対する意識を分析したところ、方略（1）（2）（4）は意識されていたが、方略（3）については、接触経験の多寡による差が意識面には見られないことが明らかになった。以下にそれぞれの言語面と意識面の変化の概略（第5章）をまとめ、それらをもとに、一般の母語話者の情報やり方略の学習モデルを構築する。

情報とり方略の変容（1）　あいづちの意識的な多用

図6-5は、あいづちの接触経験による推移と意識面の推移を示したものである。

図の左縦軸と棒グラフはあいづちの頻度（平均）を、右縦軸と線グラフは意識面の評定値の平均（評定値1〜5）を示す。

図6-5を見ると、あいづちは、接触経験が少ない段階では平均27.5回だったのに対し、接触経験が多くなると平均48.8回と大幅に伸びる。また、意識面でも、「相手の話を聞いていることを示すためにうなずいたりあいづちを多くした（あいづちの使用）」の評定値は4.1から4.6と接触経験

の多いグループで全体的に高く、有意な差となり、接触経験を経て、意識にも変化が現れることがわかる。

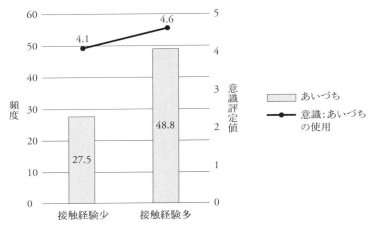

図6-5 あいづち：頻度（平均）／意識

情報とり方略の変容（2） 理解表明と理解あいづちの併用

図6-6は、理解表明と理解あいづちの併用の推移と意識面の推移を示したものである。

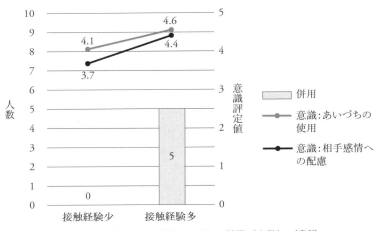

図6-6 理解表明と理解あいづち：併用（人数）／意識

図の左縦軸と棒グラフは理解表明と理解あいづちを併用した人数を、右縦軸と線グラフは意識面の評定値の平均（評定値1～5）を示す。

　図6-6を見ると、接触経験の少ない段階では理解表明と理解あいづちを誰も併用していなかったが、接触経験が多くなると、10名中5名が両者を併用するようになることがわかる。また、意識面でも、「相手の話を聞いていることを示すためにうなずいたりあいづちを多くした（あいづちの使用）」の評定値は4.1から4.6、「相手の感情・感じていることをくみとった（相手感情への配慮）」の評定値も3.7から4.4となり、接触経験の多いグループで全体的に高く、有意な差となり、意識面にも変化が現れることがわかる。

　このことから、接触経験を経ると、あいづちや理解あいづち、理解表明を用いた「積極的な理解の明示」という調節が言語的だけでなく、意識的にも行われるようになることがわかる。

情報とり方略の変容（3）　情報内容の確認の繰り返し

　図6-7は、情報単位すべてへの確認チェック、つまり、非母語話者から受け取った情報すべてに対して確認をしていたかどうかの推移と意識面の推移を示したものである。

　図の左縦軸と棒グラフは情報単位すべてに確認チェックを行った人数を、右縦軸と線グラフは意識面の評定値の平均（評定値1～5）を示す。

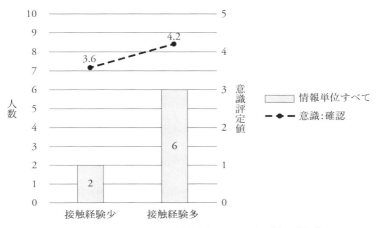

図6-7　確認チェック：情報単位すべて（人数）／意識

図6-7から、接触経験の少ない段階では情報単位すべてに対する確認チェックを行っていたのは2名しかいなかったが、接触経験が多くなると、10名中6名が情報単位すべてに対して確認チェックをするようになった。一方、意識面では、「相手の発話についての自分の理解が正しいか、確認した（確認）」の評定値が3.6から4.2と若干高くなっているものの、有意な差とは言えず、意識的な変化はあまりないことがわかる。
　このことから、接触経験を経ると、非母語話者から受け取った情報の理解が正しいかどうかを相手に確認する「受け取った情報の再確認」が行われるようになることがわかる。しかし、これは言語的調節のみであり、意識的にはあまり変化は見られない。

情報とり方略の変容（4）　自信のある共同発話

　図6-8は、自信のある共同発話の推移と意識面の推移を示したものである。
　図の左縦軸と棒グラフは自信のある共同発話を行った人数を、右縦軸と線グラフは意識面の評定値の平均（評定値1～5）を示す。

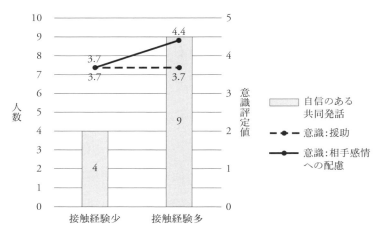

図6-8　共同発話：自信のある共同発話／意識

　図6-8を見ると、接触経験の少ない段階では4名だけが自信のある共

同発話を行っていたが、接触経験が多くなると、10名中9名が自信のある共同発話を行うようになることがわかる。一方、意識面では「相手が適切な言葉を見つけられないとき、援助した（援助）」の評定値は接触経験が少ない段階でも多い段階でも3.7と、高い評定値でまったく変わらず、意識的な変化は見られないのに対し、「相手の感情・感じていることをくみとった（相手感情への配慮）」の評定値は3.7から4.4と伸び、その差に有意傾向が認められ、意識面で若干の変化があることがわかった。

　このことから、接触経験を経ると、「非母語話者の発話遂行困難の察知と援助」が言語的調節によって行われるようになると言える。一方、意識面では、「発話遂行困難の察知」は意識的に変化が見られるものの、「発話遂行困難な状態への援助」は、意識的に大きな変化は見られず、言語的調節のみが行われることがわかる。

　以上の分析から、母語話者は接触経験を経て、非母語話者から情報を受け取る際に聞いていることや理解していることを意識的・積極的に示す「積極的な理解の明示」を行うようになり、自身の受け取った情報が正しいかどうかを何度も確認する「受け取った情報の再確認」を行うようになると同時に、非母語話者が困っている状態を察知し、自信を持って援助する「非母語話者の発話遂行困難の察知と援助」を行うようになることが示された。

3.2　母語話者の情報とり方略の学習モデル

　図6–9に接触経験を経て学習される情報とり方略の学習モデルを示す。

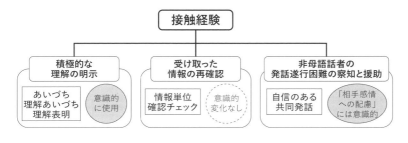

図6–9　接触経験を通じた母語話者の情報とり方略の学習モデル

接触経験を通じて母語話者は非母語話者に対する言語的調節を多く行うようになる。具体的には、あいづちや理解あいづち、理解表明を用いた「積極的な理解の明示」、非母語話者から受け取った情報の理解が正しいかどうかを相手に確認する「受け取った情報の再確認」、非母語話者の言いよどみなどから発話の遂行が困難であることを察知して援助を行う「非母語話者の発話遂行困難の察知と援助」である。このような方略は母語話者が自らの非母語話者との接触経験を通じて学習してきた方略であり、日本語教育の経験がなくても自然に身につけることのできる方略であると考えることができる。

　これらの方略を母語話者が意識的に使用するかどうかについては、「積極的な理解の明示」はかなり意識されていると言える。また、「積極的な理解の明示」と「非母語話者の発話遂行困難の察知と援助」は相手の感情をくみとろうという意識が高くなると推測できる。しかし、「受け取った情報の再確認」については、接触経験の多寡にかかわらず、母語話者の意識に変化は見られなかったことから、この方略は学習され、使用されるようになるものの、言語的調節の変化と意識は必ずしも結びついていないと言える。

4 母語話者の情報やりとり方略の学習モデルの構築

　次に、2節、3節をまとめ、母語話者の情報やりとり方略の学習モデルを提示する。

4.1 母語話者の情報やりとり方略の学習モデル
　図6-4と図6-9を以下に再掲する。

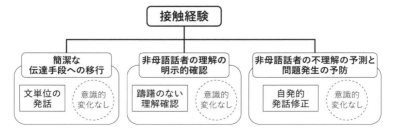

図6-4　接触経験を通じた母語話者の情報やり方略の学習モデル（再掲）

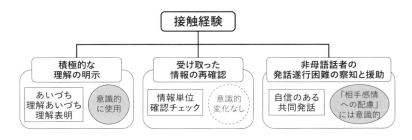

図6-9　接触経験を通じた母語話者の情報とり方略の学習モデル（再掲）

　図6-4と図6-9を見ると、情報やり方略、情報とり方略ともに非母語話者への言語的調節のバリエーションが増加していることがわかる。
　そのうち、情報やり方略の非母語話者が理解しているかどうかを確認する「非母語話者の理解の明示的確認」と、情報とり方略の自分が理解したことを伝える「積極的な理解の明示」、受け取った情報について自分の理解が正しいかどうかを確認する「受け取った情報の再確認」は、やりとりされる情報の「理解」に関わる方略であると言える。
　一方、情報やり方略の中の、単文の組み合わせによる「簡潔な伝達手段への移行」、非母語話者の不理解を察知し、トラブルが発生する前に自己の発話を修正する「非母語話者の不理解の予測と問題発生の予防」、情報とり方略の中の、非母語話者の言いよどみなどから発話の遂行が困難であることを察知して援助を行う「非母語話者の発話遂行困難の察知と援助」は、非母語話者の抱える困難を予測、あるいは察知して援助する方略であると言える。
　よって、情報やりとりの方略全体から、図6-10のような情報やりとり方略の学習モデルを構築することができる。

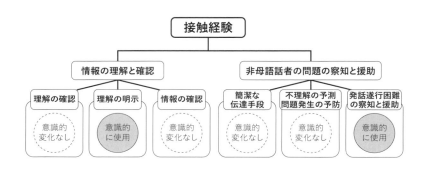

図 6-10　接触経験を通じた母語話者の情報やりとり方略の学習モデル

　図6-10は、接触経験を通じて母語話者が学習する情報やりとり方略の学習モデルである。
　情報やりとりにおいて、母語話者は非母語話者に対する言語的調節を接触経験から学習していく。具体的には、やりとりされる情報の理解と確認に関する方略と非母語話者の抱える問題の察知と援助に関する方略である。
　まず、やりとりされる情報の理解と確認に関する方略では、与えた情報を受け手である非母語話者が理解しているかどうかの確認、また、受け取った情報を母語話者自身が理解したかどうかの表明と、受け取った情報の理解が正しいかどうかの確認作業が頻繁に行われるようになる。これは、接触場面では情報の「理解」に関わる部分を明示することが情報やりとりにおいて重要であることを母語話者が学習してきた結果であると考えられる。
　また、接触経験を経て母語話者は非母語話者の抱える問題の察知と援助を行うようになる。具体的には情報が正確に伝わるように簡潔な情報提供に移行したり、非母語話者の不理解を予測して自身の発話を言い換えたり、非母語話者の発話の遂行が困難な状態を察知した上で、積極的に援助をするようになるのである。このような方略の使用は、日本語教育の経験を持たない母語話者が、言語的には優位な立場である母語話者として、接触場面において非母語話者との言語的ギャップを埋めるよう

なふるまいの必要性を学習してきた結果と言えよう。

4.2　母語話者の情報やりとり方略の学習モデル構築の意義

以上、これまでの分析をもとに、日本語教育の経験を持たない母語話者が接触経験を通じて学習する情報やりとり方略の学習モデルを構築した。情報やりとり方略の学習モデルを構築する意義は次の3点である。

第一に、本モデルは母語話者のコミュニケーションにおける1つの調節の過程を示すものであるという点である。

第1章で述べたように、日本語接触場面におけるフォリナー・トーク研究は、第二言語習得研究における「理解可能なインプット」、「理解可能なインプットを引き出すためのインターアクション」の分析や、接触場面で問題が発生した場面の分析が主流であった。よって、会話が行われる場面、会話参加者の関係や母語話者の非母語話者との接触経験の質や量など、フォリナー・トークに影響を与えるさまざまな要因や、問題が発生していない場面も含めて母語話者がどのようにふるまっているのかについての検討は進んでおらず、日本語母語話者の言語変種の1つとしてのフォリナー・トークの実態は明らかになっていなかったと言える。本章で示した日本語教育の経験を持たない母語話者が接触経験を通じて学習する情報やりとり方略の学習モデル（図6-4、図6-9、図6-10）は、情報やりとりという場面において、母語話者はどのような意識でどのような言語行動をとり、それは非母語話者との接触経験を経てどのように変化するのかを明らかにしたものである。第二言語習得研究の観点を離れ、会話の参加者としての母語話者のふるまいの実態、また、問題が発生した場面だけでなく情報のやりとりが達成されるまでの間、全体を通して何が行われているのか、それらの行為と意識との関連について明らかにすることで、1つの限られた場面ではあるが、母語話者のコミュニケーションにおける1つの調節の過程を示すことができたと考える。

第二に、本モデルは今後、接触場面における母語話者のふるまいを分析する際に活用できるという点である。

これまでの研究では、情報の与え手・受け手としての役割が混在しており、どのような場面でどのような方略が使用されているかが不透明であった。もちろん、会話とは話し手・聞き手、情報の与え手・受け手が

常に入れ替わり、固定された役割で行われないものも多い。しかし、本モデルでは、方略を情報の与え手として使ったのか、受け手として使ったのかをある程度明確に分けて示し、そのことによって、今後の接触場面における自然会話の分析に情報の与え手・受け手という視点を導入する意味を見いだせたと考える。

　第三に、本モデルは「共生言語」（岡崎1994）の学習モデルであり、今後の母語話者に対する接触場面のコミュニケーション支援の基盤となるという点である。

　本研究で示した情報やり方略、情報とり方略は、共に母語話者が自らの非母語話者との接触経験だけを通して学習してきた方略であり、日本語教育の経験がなくても自然に身につけることのできる方略であると述べた。近年、注目を集めている「やさしい日本語」は、接触場面における母語話者の言語的調節を提案するものである。「やさしい日本語」に取り上げられている項目の中には、「あいづちをうったり、うなずいたりする」、「相手の言った言葉を繰り返してみる」、「できるだけかんたんな言葉に言い換える」、「短い文で言い直す」、などがある（庵監修2010）。これらの方法は本研究で示した学習モデルにも見られ、特に誰かに教えてもらったり、訓練を受けなくても、接触経験を経て自然に身につけることができる方略である。このように、経験を通じて学習され、自然に使われるようになった方略こそ「共生言語」（岡崎1994）であり、本研究の学習モデルは共生言語の学習モデルでもあると言えよう。従来の「やさしい日本語」では、母語話者の会話における言語行動の実態の分析なしに、日本語教育の立場から言えばトップダウン的にコミュニケーション方略の提示が行われてきた。しかし、本研究では日本語教育の経験を持たない母語話者と非母語話者との情報やりとりを分析し、そこで使われているコミュニケーション方略の実態を明らかにすることで学習モデルを構築した。構築した学習モデルは、日本語教育の経験を持たない母語話者が自然習得的に学習するボトムアップ的なコミュニケーション方略であり、今後、非母語話者とのコミュニケーションに困難を抱える母語話者を支援する際に基盤となりうるものである。

5 本章のまとめ

本章では、第4章、第5章の分析をもとに、母語話者の情報やりとりの学習モデルを構築し、その意義を示した。

次章では、本モデルの意義の3点目に述べた、「本モデルは「共生言語」の学習モデルであり、今後の母語話者に対する接触場面のコミュニケーション支援の基盤となりうる」ということに関連して、非母語話者とのコミュニケーションに困難を抱える母語話者に対して行う日本語コミュニケーション支援に向けた提案を行う。

注 [1] 図6-1以降、線グラフのうち、破線で示すものは統計的に有意差が得られなかった意識面の結果、実線で示すものは統計的に有意差が得られた意識面の結果である。よって見かけ上、差が大きい場合でも、統計的有意差があるとは限らない。

第7章 母語話者に対する日本語での情報やりとり支援に向けた提案

　本章では、ここまでの議論で得られた知見を活用して、日本語教育の経験を持たない母語話者に対して行う非母語話者との日本語での情報やりとり支援のための提案を行う。

1 母語話者に対する日本語での情報やりとり支援に向けた提案

　本研究はここまで、日本語教育の経験を持たない母語話者が接触経験を経て学習する情報やりとりの方略を探索的に明らかにし（第4・5章）、情報やりとり方略の学習モデルを構築してきた（第6章）。この情報やりとり方略の学習モデルは、前章で述べたように、日本語教育の経験を持たない母語話者が自然習得的に学習するボトムアップ的なコミュニケーション方略であり、今後、非母語話者とのコミュニケーションに困難を抱える母語話者を支援する際にその基盤となりうるものである。

　そこで本章では、ここまでの議論で得られた知見を活用して、日本語教育の経験を持たない母語話者に対して行う非母語話者との日本語コミュニケーション支援のための提案を行う。

　まず、非母語話者との接触経験が少ない母語話者に対する提案と、日本語教育の経験はないが非母語話者との接触経験を持ち、ある程度コミュニケーションの方略を学習している母語話者に対する提案とを分け、情報やり場面・情報とり場面それぞれについて考察する。

　提案を二段階に分けるのには、次の2つの理由がある。第一は、接触経験の少ない母語話者にとっては、まず接触経験の多い母語話者が使用するコミュニケーション方略のうち、比較的取り入れやすいものから始めたほうが負担が少ないと考えられるからである。第二に、接触経験の

多い母語話者に対しては、効果的な調節を行うために、言語行動面や意識面でさらに工夫の余地があると思われる点を重点的に補う必要があると考えるからである。

以上をまとめると、提案の全体像は以下のようなイメージになる。

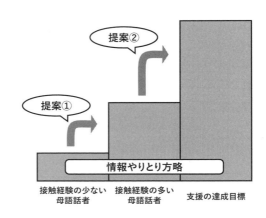

図7-1　母語話者に対する情報やりとり方略の提案イメージ

図7-1に示したように、まず、接触経験の少ない母語話者に対して、比較的容易に学習できると思われる方略の提案①を行う。そして、接触経験を持ち、ある程度の方略を学習している母語話者に対しては、接触経験だけでは身につけることが難しい方略に関する提案②を行う。

接触経験の少ない母語話者に対する提案①と接触経験の多い母語話者に対する提案②の選定と提示にあたっては、第6章で構築した「情報やりとり方略の学習モデル」（図7-2）をもとに難易度を設定する。設定の基準は以下のとおりである。

接触経験の少ない母語話者に対する提案①では、「情報の理解と確認」の下位項目「理解の確認」、「理解の明示」、「情報の確認」、「非母語話者の問題の察知と援助」の下位項目「簡潔な伝達手段」を取り上げる。この4つは、いずれも非母語話者の言語の理解レベルや産出レベルが正確に判断できなくても使用できる方略である。

次に、接触経験の多い母語話者に対する提案②では、主に、「非母語話

者の問題の察知と援助」の下位項目「不理解の予測・問題発生の予防」と「発話遂行困難の察知と援助」を取り上げる。この2つはいずれも非母語話者の言語の理解レベルや産出レベルを母語話者が予測・判断して使用する方略であり、提案①の項目よりも接触場面における言語的知識が必要な方略である。

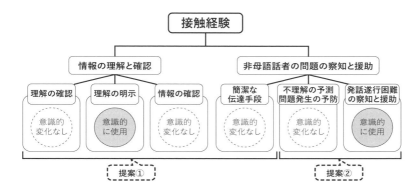

図7–2　母語話者の情報やりとり方略モデルと提案①・提案②

2節では、接触経験の少ない母語話者に対する提案①について、3節では、接触経験の多い母語話者に対する提案②について述べる。

2 提案①：接触経験の少ない母語話者に対する提案

本節では、接触経験の少ない母語話者に対する提案について述べる。

2.1 情報やり場面

まず、接触経験の少ない母語話者に対して、情報やり場面について以下のような方略を提案したい。

方略（1）　従属節でつなぐ冗長な話し方を避け、文の終わりが明確な文単位の発話を心がける。
方略（2）　正確な情報提供を求められる場面における理解チェック

の有効性を認識し、躊躇することなく使用する。

以下、方略（1）、方略（2）についてそれぞれ述べる。

方略（1）　「文単位」での情報提供

まず、「方略（1）従属節でつなぐ冗長な話し方を避け、文の終わりが明確な文単位の発話を心がける」についてである。

「「文単位」での情報提供」は、日本語教育の知識や日本語教授経験がある者にとってはおよそ自明のこととなっている。しかし、ふだん、接触経験の少ない母語話者と非母語話者のコミュニケーションを観察していると、母語話者の文単位の発話は非常に少なく感じられる。実際に本研究の会話データからは、接触経験の多い母語話者は文単位の発話が多く、接触経験の少ない母語話者は文単位の発話が少ないという結果が出た（第4章）。

まず、文単位の発話のほうが強境界の発話よりも多かったのは、接触経験の多い母語話者が6人、接触経験の少ない母語話者が3人であった。さらに、文の終わりが明確な文単位の発話と、文の終わりがあいまいな強境界の発話の出現数を比較したところ、接触経験が多い人では約6割が文単位の発話だったのに対し、接触経験が少ない人では文単位の発話は約4割にとどまった（表7-1）。

表7-1　文の終わりの比較

		接触経験多 出現数（％）	接触経験少 出現数（％）
文の終わり	明確（文単位）	134（59.3）	73（41.7）
	あいまい（強境界）	92（40.7）	102（58.3）

*第4章／表4-4参照

次に2つの会話例を挙げる。これはどちらも、同じストーリーの内容を母語話者が非母語話者に説明している部分である。〈例7-1〉のnsEDと〈例7-2〉のnsNHを見てみよう。

〈例7-1〉　nsED／nnsB

01	nsED	それで，で何か試験を受ける それで問題用紙と解答用紙が渡されてる
02	nnsB	あ，
03	nsED	で，おそらく緑のが問題用紙で，
04	nnsB	ん
05	nsED	白が解答用紙
06	nnsB	はい。
07	nsED	わか，そこまではよろしいですね？
08	nnsB	あ，はいはい
09	nsED	で，ミスターま，み，み，みなさんおんなじようなところに，おんなじ，みんなの席に，同じようなものが配られてて，
10	nnsB	はい。
11	nsED	みんな，試験を開始すると で隣の人たちがこうま，緑の紙を見るわけですね
12	nnsB	あ，はい
13	nsED	で，ミスタービーンももう，ま，まわりが試験を始めたんで，見てみると，そうすと何も書いてない

〈例7-2〉　nsNH／nnsD

01	nsNH	っと前半はー，こうし，試験の場面，テストの場面でー，
02	nnsD	はい
03	nsNH	それでー，ミスタービーンはー，
04	nnsD	うん
05	nsNH	なにをやったらいいかまったくわかんなくてー，
06	nnsD	はい
07	nsNH	んで，隣の人ーの，見て，まねようとしてて，
08	nnsD	ああ
09	nsNH	で，隣，の人を見てるんだけど，
10	nnsD	はい
11	nsNH	えーと，もう隣の人がスラスラスラスラやっててー，
12	nnsD	はい
13	nsNH	それをこう，のぞこう，としてる。

　では、〈例7-1〉と〈例7-2〉から、nsEDとnsNHが話している部分だけを抜き出してみる。まず、nsEDの情報提供である。

〈例7-1′〉 nsED

nsED	①それで，で何か試験を<u>受ける</u> ②それで問題用紙と解答用紙が<u>渡されてる</u> ③で，おそらく緑のが問題用紙で，白が<u>解答用紙</u> ④で，ミスターま，み，み，みなさんおんなじようなところに，おんなじ，みんなの席に，同じようなものが配られてて，みんな，試験を<u>開始すると</u> ⑤で隣の人たちがこうま，緑の紙を<u>見るわけですね</u> ⑥で，ミスタービーンももう，ま，まわりが試験を始めたんで，見てみると，そうすと何も<u>書いてない</u>

〈例7-1′〉のnsEDの発話を見ると、まず、①、②、⑤は、「受ける」「渡されてる」「見るわけですね」のように、単独の節が文を構成している。次に、③は並列に節が並んでいるが、単純な対比を示しており、理解が難しい構造ではない。また、それと同時に、③は②の補足情報の役割を果たしている。一方、④と⑥は複文になっているが、前半部分は状況の解説、後半部分はこの物語の重要な出来事というように、入り組んだ複雑な構成にはなっていない。つまり、接触経験の多いnsEDは、一連の物語の情報を構造化し、その情報を文という単位で短く区切ることによって、情報と情報の関係を端的に示していると考えられる。

〈例7-2′〉

nsNH	①っと前半はー，こうし，試験の場面，テストの場面でー，②それでー，ミスタービーンはー，なにをやったらいいかまったくわかんなくてー，③んで，隣の人ーの，見て，まねようとしてて，④で，隣，の人を見てるんだけど，⑤えーと，もう隣の人がスラスラスラスラやっててー，⑥それをこう，<u>のぞこう，としてる</u>

一方、〈例7-2′〉のnsNHの発話は、情報が時系列に沿って並んでいるが、①は場面の設定が示され、②は③の理由節となっており、④と⑤は逆接の関係で接続し、⑥で文が初めて完結している。また、②は最後の⑥の結びにかかっており、③から⑤は②と⑥に挟まれた入れ子構造にもなっている。さらに、それらの構造は、「わかんなくてー，」、「まねようとしてて，」、「見てるんだけど，」のように、情報の切れ目や前後の関係があいまいな発話によって構成されているのである。これでは、母語話

者と言語的ギャップのある非母語話者が情報理解に支障をきたす恐れがある。

〈例7-1'〉と〈例7-2'〉には、上述のような違いがあり、接触経験の多い母語話者は非母語話者との接触経験を通じてnsEDのような方略を学習してきたと考えられる。接触場面のコミュニケーションにおいて正確な情報提供を目指す際に、「文単位の発話」という方略の使用がコミュニケーションの破綻を未然に防ぐために有効な手段の1つであることから、この方略を提案の1つとしたい。

方略（2）　躊躇のない「理解チェック」

次に、「方略（2）正確な情報提供を求められる場面における理解チェックの有効性を認識し、躊躇することなく使用する」についてである。

nsEDは〈例7-1〉において、もう一つ、接触経験の多い母語話者に特徴的な行為を行っている。もう一度nsEDとnnsBの会話を見てみよう。

〈例7-1抜粋〉　nsED／nnsB
01　nsED　それで，で何か試験を受ける それで問題用紙と解答用紙が渡されてる
02　nnsB　あ，
03　nsED　で，おそらく緑のが問題用紙で，
04　nnsB　ん
05　nsED　白が解答用紙
06　nnsB　はい
07　nsED　<u>わか，そこまではよろしいですね？</u>
08　nnsB　あ，はいはい

ここで注目すべき点は、07nsEDの「わか，そこまではよろしいですね?」である。nsEDはnnsBに、「わかりますか?」「ここまで私が言ったことを理解できていますか?」と、自分が提供した情報の理解をわざわざ確認しているのである。

この理解チェックについて、接触経験の多い母語話者と接触経験の少ない母語話者を比較した（第4章）。その結果、接触経験の多い母語話者は10人中8人が理解チェックを計27回行っているのに対し、接触経験の少ない母語話者は10人中3人が計6回しか理解チェックを行っておら

ず(表7-2)、接触経験の多い母語話者のほうが頻繁に理解チェックを行っていることが明らかになった。

表7-2 理解チェックの出現(人数/出現数)

	接触経験多	接触経験少
使用	8人	3人
不使用	2人	7人
出現数	27回	6回

*第4章/5.3参照

　接触経験の多い母語話者は10人中8人が理解チェックを行っているのに対して、接触経験の少ない母語話者は10人中3人しか理解チェックを行っていないというのは、非常に大きな差である。このことから、接触経験が多い母語話者が、非母語話者が情報を理解しているかどうかについて、いかに多くの気配りをしているかがわかるだろう。

　このように、接触経験の多い母語話者は非母語話者に対して積極的に理解チェックを行っているが、通常、母語話者同士の会話の場合、ここまで頻繁に理解チェックを行うだろうか。「わかりますか?」、「いいですか?」と聞くことは、下手をすれば相手のメンツを潰してしまう可能性もある。それに、相手が非母語話者であっても、理解チェックを使用しすぎることが相手(非母語話者)の言語能力の過小評価につながる(坂本他1989)など、別の問題を招く可能性も否定できない。では、なぜ接触経験の多い母語話者はこのように頻繁に理解チェックを行うのだろうか。

　これは、非母語話者に正確に情報が伝わっているかどうかを確認し、非母語話者の誤解を回避するためであると考えられる。また、「わかりますか?」と聞くことによって、非母語話者に発言の機会を与えることができ、より双方向のコミュニケーションが生まれやすくなるというメリットもある。

　接触経験の多い母語話者は、相手のメンツを潰すかもしれないというリスクを多少冒してでも、相手の理解をその都度確認していくことが、正確な情報伝達のためには有効であると判断しているのだと考えられる。

　この方略についても、接触経験の多い母語話者が非母語話者との接触

経験を通じて学習してきたものであり、接触経験の少ない母語話者の理解チェックが接触経験の多い母語話者に比べて顕著に少なかったことを考えると、非母語話者への正確な情報提供を志向するコミュニケーションでは、非母語話者に対して理解チェックをためらわずに行うよう促すことを提案したい。

2.2　情報とり場面

次に、情報とり場面については以下のような方略を提案したい。

方略（3）　あいづちを意識的に多用して、聞いていることを積極的に非母語話者に伝える。
方略（4）　理解表明と理解あいづちを使用し、非母語話者の発話を理解していることを意識的・積極的に非母語話者に伝える。
方略（5）　正確な情報を得るために繰り返し、情報内容の確認を行うことを心がける。

以下、方略（3）〜方略（5）についてそれぞれ述べる。

方略（3）　「あいづち」の意識的な多用

まず、「方略（3）あいづちを意識的に多用して、聞いていることを積極的に非母語話者に伝える」について述べる。

「あいづちの意識的な多用」について、非母語話者nnsBと接触経験の多い母語話者nsEC、同じくnnsBと接触経験の少ない母語話者nsNCの実際の言語行動と意識面を比較する。

まず、実際の会話を見てみよう。〈例7-3〉と〈例7-4〉は、情報とり場面が始まってからの20ターンずつを取り出したものである。

〈例7-3〉　nsEC／nnsB
01　　nnsB　　ですから続きはー，
02　　nsEC　　うん
03　　nnsB　　その，お医者さんがー，
04　　nsEC　　うん
05　　nnsB　　すい，うい，いすの下に―倒れてー，

06	nsEC	うんうん
07	nnsB	あ，いるー，というところからー，
08	nsEC	うんうん
09	nnsB	はじ，まってー，だからえっなんであの人そこにあ，い，いるのかなーと思った
10	nsEC	うんうん
11	nnsB	だから，んー，あ，そして，ミスタービーンは，
12	nsEC	うん
13	nnsB	い，い，いすにすわ，っていて，
14	nsEC	うん
15	nnsB	なんか，その，え，医者のいろいろな道具/とかー，/
16	nsEC	//うんうんあるある，///うん，うん/
17	nnsB	//あと，//薬とか，置いてあ/る，/
18	nsEC	//うんうん//
19	nnsB	棚みたいな，
20	nsEC	うんうん

〈例7-4〉 nsNC／nnsB

01	nnsB	ああ，ああ，うん，あ，そのあとは，だ，だから，後半はやっぱり，その，あミスタービーンがー下り坂を，というし，印？
02	nsNC	うん
03	nnsB	を，見たらー，と，心配しはじめ［笑いながら］，
04	nsNC	んー
05	nnsB	し始めたんです，それで，いろいろな，/沈黙3秒/それ，なん，なんというこの道具？［笑］
06	nsNC	ん？
07	nnsB	そうじする道具はー，/なんというんですか?/
08	nsNC	//ああ，デッキブラシ？なんか，//こう，車の，ま/し，/
09	nnsB	//うん//アクセル/とか/押してー，運転してたやつ。
10	nsNC	//はい//
11	nnsB	あ，な，なんというん/ですかー?/
12	nsNC	//あ，デッキブラ//シ
13	nnsB	デッキブラシ
14	nsNC	うん
15	nnsB	デッキブラシ，で，それを，車をー止める，機械をー，［笑］なんとか，うーん，しようと思っ/てた/んですけど，
16	nsNC	//うん//
17	nnsB	なかなかうまくいかなくて，このまま，下り坂？
18	nsNC	うん

19	nnsB	を，おり，くだ，くだる？［笑い］んー，ああ，そ，それでんー，ん，［笑い］それで，あのー，けい，警察の，車が，あって，その警察官が中に座っていて，ミ，ミスタービーンがただ，す，あーその車をうしろを通ったら，警察官はぜんぜん，平気な，顔で［笑いながら］，
20	nsNC	うん

　〈例7-3〉と〈例7-4〉を比べると、明らかに〈例7-3〉のnsECのほうがあいづちを小刻みに入れていることがわかる。一方、〈例7-4〉のnsNCは、nnsBが言葉に詰まっている05「/沈黙3秒/」でもあいづちを入れることはない。そのため、nnsBはnsNCとの会話に比べ、何の反応も入らないまま1人で長く発話することが多い（01, 05, 15, 19）。しかも、nsNCの反応があまりに薄いせいか、nnsBがぎこちない笑いを入れながら話を進めている様子も見られた（19）。

　では、彼らは会話の進行中、どのような意識でいたのだろうか。まず、母語話者のほうだが、意識調査の質問2「相手の話を聞いていることを示すためにうなずいたりあいづちを多くした」に対してnsECの自己評価は評定値の最高値である5（そのようにした）であったが、nsNCは3であった。

　一方、対話者である非母語話者nnsBは母語話者に対する評価を質問9「あなたの気持ちがよくわかっていた」で示している。この質問についてnnsBは対nsECが評定値4だったのに対して、対nsNCは2であった。このことから、あいづちを意識的に多用していた接触経験の多いnsECとの会話をnnsBは相手が理解してくれていると感じ、安心して進めていたのに対し、あいづちの少ない接触経験の少ないnsNCとの会話をnnsBは不安な気持ちで進めていたことがうかがえる。

　このように、聞き手である母語話者のあいづちは、非母語話者にとって安心して会話を進めるための1つの有効な手段であることから、接触経験の少ない母語話者に対して、情報とり場面では意識的にあいづちを多用することを提案したい。

方略（4）　「理解表明」と「理解あいづち」の使用による積極的な
　　　　　 理解表明

　次に、「方略（4）理解表明と理解あいづちを使用し、非母語話者の発

話を理解していることを意識的・積極的に非母語話者に伝える」について述べる。

「理解表明」について、非母語話者nnsDと接触経験の多い母語話者nsEG、同じくnnsDと接触経験の少ない母語話者nsNGの実際の言語行動と意識面を見てみよう。

〈例7-5〉 nsEG／nnsD
01	nnsD	で，あれ，従業員たちがー，二人が，家具かなんかを持ってー，で，家に入ったーそのとき/ー,/
02	nsEG	//うん//
03	nnsD	で，とまってたーその車の中にー，あのーミスタービーンの車/が入っちゃっ/てであそこにー，
04	nsEG	//うんー//
05	nnsD	羽根のようなものがいっぱい入っててー，
06	nsEG	うん
07	nnsD	で，助かりました，っていう/感じ/
08	nsEG	//あаааа, //そうなん/だ［笑いながら］/
09	nnsD	//で，//
10	nsEG	うん
11	nnsD	で，入った瞬間，あれ羽根がいっぱ/いとんできてー/
12	nsEG	//うーん，//ワーってなって
13	nnsD	は/い，そういう場面/でした
14	nsEG	//へえー，**そうかー**//

〈例7-6〉 nsNG／nnsD
01	nnsD	で，下のー2つをー治療し，自分が治療してー，でその/あ/とー，
02	nsNG	//うん//
03	nnsD	こうやってしてーみてー，もわったってところにー
04	nsNG	うん
05	nnsD	歯がー動かなくなってー，
06	nsNG	うん
07	nnsD	で口が動かなくなってー，こーうしたりとかどうしようとかそうゆう表情でー，
08	nsNG	ん
09	nnsD	で，いるときー，んー，お医者さんがー，
10	nsNG	うん

11	nnsD	なん，床からー，なんか，立ってー，ですごく怒ってる表情でー，ミスタービーンを見たらー，ミスター（［笑い］）ビーンがこう，
12	nnsD	なにか，かけますねー/治/療するとき
13	nsNG	//ああ//
14	nnsD	あれをー，お医者さんに渡してー，で出ちゃうんですよそれがお，そこまで，でした
15	nsNG	んー

　〈例7-5〉でnsEGは、08「そうなんだ」、14「そうかー」と、14ターンのうち2回もnnsDの発話を理解したことを理解あいづちを使って示している。一方〈例7-6〉を見ると、nsNGはnnsDが14「あれをー，お医者さんに渡してー，で出ちゃうんですよそれがお，そこまで，でした」と、情報の伝達に一旦、区切りを付けているにもかかわらず、理解あいづちも理解表明も行っていない。

　この会話について、母語話者の意識調査の質問2「相手の話を聞いていることを示すためにうなずいたりあいづちを多くした」の自己評価の結果を比較してみよう。nsEGは評定値の最高値である5（そのようにした）で、nsNGもあまり差はなく4であった。また、質問6「相手の感情・感じていることをくみとった」に対しては、nsEGは5、nsNGも4であり、理解表明に対する自己評価に大きな差はなかったと言える。

　しかし、対話者である非母語話者のnnsDは、母語話者に対して、意識調査の質問9「あなたの気持ちがよくわかっていた」でnsECには評定値5で高い評価を与えたのに対して、nsNGに与えたのは2という低い評価であった。

　つまり、接触経験の少ないnsNGは、自分ではあいづちも多くし、相手を理解しようと努めていたにもかかわらず、nnsDにはそのように受け取られていなかったということである。一方、nsEGの積極的な理解表明は、nnsDの「情報がきちんと相手に伝わっているか」という不安を解消するために非常に有効な手段であったと言えよう。

　第5章では、接触経験の多い母語話者グループは、言語行動面ではあいづち・理解あいづちの出現数が多かったこと（表7-3）と理解あいづちと理解表明の併用が見られたこと（表7-4）が明らかになった。また、意識面では、母語話者に対する意識調査の質問2「相手の話を聞いている

ことを示すためにうなずいたりあいづちを多くした」、質問6「相手の感情・感じていることをくみとった」に対する回答の平均値が接触経験の多い母語話者グループのほうが高かったこと（表7-5）が明らかになった。

表7-3　あいづちと理解あいづちの出現数（平均）

	接触経験多	接触経験少
あいづち	48.8回	27.5回
理解あいづち	2.7回	0.8回

*第5章／表5-3・表5-4参照

表7-4　理解あいづちと理解表明の使用分布

	接触経験多	接触経験少
両者併用	5名（50%）	0名（0%）
いずれか使用	5名（50%）	8名（80%）
いずれも不使用	0名（0%）	2名（20%）

*第5章／表5-6参照

表7-5　情報とり場面（接触経験／多・少）：t検定

	接触経験多 平均（標準偏差）	接触経験少 平均（標準偏差）	t値
2.相手の話を聞いていることを示すためにうなずいたりあいづちを多くした。	4.6（0.52）	4.1（0.74）	1.76 †
6.相手の感情・感じていることをくみとった。	4.4（0.97）	3.7（0.82）	1.74 †

ns: not significant, † $p<.10$, * $p<.05$, ** $p<.01$ df=18 n=10
*第5章／表5-18参照

　また、非母語話者の母語話者に対する評価である意識調査の質問9「あなたの気持ちがよくわかっていた」については接触経験の多い母語話者グループの評定値のほうが有意に高かったこと、質問4「あなたの話がわかっていなかった」については接触経験の少ない母語話者グループのほうが有意に高かったことも明らかにした。このことから、非母語話者

は、接触経験の多い母語話者のほうが自分の話をよく理解してくれたと感じていたということができる。一方、あいづちや理解表明を頻繁に行うことは、相手に「うるさい」という印象を与える可能性もある。しかし、質問6「あなたの話を最後までよく聞いた」に対する評定値も接触経験の多い母語話者グループのほうが高かったことから、非母語話者は母語話者に話を遮られたと感じてはいなかったと言える（表7-6）。

表7-6 情報とり場面（非母語話者:対接触経験／多・少）:t検定

	接触経験多 平均（標準偏差）	接触経験少 平均（標準偏差）	t値
4. あなたの話がわかっていなかった。	1.5（0.53）	2.2（0.63）	−2.69**
6. あなたの話を最後までよく聞いた。	4.9（0.32）	4.4（0.70）	2.06†
9. あなたの気持ちがよくわかっていた。	4.3（0.67）	3.6（1.07）	1.74*

ns: not significant, † $p<.10$, *$p<.05$, **$p<.01$ df=18 n=10
＊第5章／表5-20参照

以上述べたような結果（第5章）を踏まえると、〈例7-3〉、〈例7-4〉、〈例7-5〉、〈例7-6〉は決して個別の事例ではなく、全体的な傾向を反映したものだと言える。接触経験の多い母語話者は、「方略（3）あいづちの意識的な多用」と「方略（4）理解あいづちと理解表明を使用した積極的な理解表明」に関しては、接触経験による学習の結果、意識的に実践しているといえ、非母語話者の評価からもこれらの方略の有効性が示されている。よって、「積極的な理解の明示」を情報とり場面で最も重要な方略として提案したい。

方略（5）　受け取った情報内容の再確認

最後に、「方略（5）正確な情報を得るために繰り返し、情報内容の確認を行うことを心がける」について述べる。

「受け取った情報内容の再確認」については、第5章の分析から、接触経験の多い母語話者グループが非母語話者から情報提供を受けた後、「情報単位の確認チェック」を受け取った情報すべてに対して行っていることが明らかになった（表7-7）。つまり、母語話者は接触経験を経て、

非母語話者から受け取った情報を何度も確認するようになるということである。

表7-7 情報単位の確認チェックの使用分布

	接触経験多	接触経験少
情報単位すべて	6名（60%）	2名（20%）
情報単位一部／なし	4名（40%）	8名（80%）

*第5章／表5-7参照

次の〈例7-7〉は、実際に情報単位すべてについて確認チェックが行われている場面である。〈例7-7〉では、接触経験の多いnsEBが、nnsAから一通り情報の提供を受けた後、nnsAの01「で, 後半の部分は, わかりましたか?」をきっかけに、受け取った情報について確認チェックを行っている。

〈例7-7〉 nsEB／nnsA
01　nnsA　で, 後半の部分は, わかりましたか?
02　nsEB　そうですね, ええ, だいたい, わかりましたね, えええええええ結局ーんーそうだな, なんかあったかな
03　nnsA　/沈黙5秒/うん
04　nsEB　もう, 隣の人はもう, 常に, こう怪しんでたわけですよね?, ミスタービーンの/行動/を
05　nnsA　　　　　　　　　//そう//
06　nsEB　ずーっと最初っ/から/最後まで###
07　nnsA　　　　　　　//はい, うん//
08　nnsA　なんかうん, このあいつは, ぜったいぼ, わたしの, ものを見ろうとしている
09　nsEB　あ/あ/
10　nnsA　　//あ, //見ようとしている, なんか, そういう感じもっていてー（ああ）いっしょうけんめい, なんか, 見せないように（ああー）, していました
11　nsEB　あ, えその下にもぐってー, ペンを取りに行ってー,
12　nnsA　はい
13　nsEB　でそのーーーー, 逆, 反対側に出てきたじゃないですか
14　nnsA　はい, そうです
15　nsEB　そ, そんときのこう, その, よ, でき, よくできるーその学生のこう, 反応みたいなのはどんな感じだったんですか?

16	nnsA	なんかあのあの,もぐっているときはー,
17	nsEB	ええ
18	nnsA	なんか,まあ,何もー,なんという,あのーま,気が,気がつかずー…
19	nsEB	あ,気が/つかなかった/
20	nnsA	//自分//でノー,/
21	nsEB	//ああ//あああ
22	nnsA	あ,自分の解答をま,いっしょうけんめい/書いていたんです/けど,
23	nsEB	//あ,あーーなるほど//

　このように、受け取った情報すべてに対する確認チェックが行われるようになるのは、母語話者に対する意識調査の質問6「相手の感情・感じていることをくみとった」(表7-8) ことが言語行動に表れた結果であると考えられる。

表7-8　情報とり場面(接触経験／多・少):t検定

	接触経験多 平均(標準偏差)	接触経験少 平均(標準偏差)	t値
6.相手の感情・感じていることをくみとった。	4.4 (0.97)	3.7 (0.82)	1.74†

ns: not significant, † $p<.10$, *$p<.05$, **$p<.01$ df=18 n=10
＊第5章／表5-18参照

　また、このことは、非母語話者にからは、意識調査の質問6「あなたの言葉をくりかえしたり、まとめたりした」で直接的に両グループの差として非母語話者に認識されており、質問4「あなたの話がわかっていなかった」、質問9「あなたの気持ちがよくわかっていた」(表7-9) とも連動して、接触経験の多い母語話者グループに対する高い評価につながったと言えよう。

表7-9 情報とり場面（非母語話者:対接触経験／多・少）：t検定

	接触経験多 平均（標準偏差）	接触経験少 平均（標準偏差）	t値
4.あなたの話がわかっていなかった。	1.5 (0.53)	2.2 (0.63)	-2.69**
8.あなたの言葉をくりかえしたり、まとめたりした。	4.4 (0.70)	3.1 (1.10)	3.15*
9.あなたの気持ちがよくわかっていた。	4.3 (0.67)	3.6 (1.07)	1.74*

ns: not significant, † p<.10, *p<.05, **p<.01 df=18 n=10
*第5章／表5-20参照

　この「受け取った情報内容の再確認」という方略についても、接触経験の多い母語話者が非母語話者との接触経験を通じて学習してきたと考えられ、正確な情報やりとりを志向するコミュニケーションにとって重要なコミュニケーション方略であると言える。接触経験の少ない母語話者が受け取った情報全体に対する確認チェックが少なかったことを考えると、非母語話者から正確な情報を受け取るためには、確認チェックを積極的に行うよう促すことが提案されるべきであろう。

　接触経験の多い母語話者が接触場面で使用する日本語は、異言語の話者同士が共生に適した運用を作り出した「共生言語」としての日本語であり、「共生言語」は母語話者同士で使われる日本語とは異なる体系を持つと岡崎（1994）は指摘している。むろん、母語話者同士であっても参加者の間でさまざまな調節が行われているのであるが、接触場面を経験したことがない母語話者にとって、接触場面の日本語は、母語話者同士の会話における調節とは異なる調節を必要とされるものであり、なじみのない調節である。なじみのない調節であるからこそ、接触場面のコミュニケーションの破綻を避けるための具体的な方略の提示が必要なのである。これまでの結果が示すように、接触経験の少ない母語話者に対しては、具体的な言語行動として以上の5つのコミュニケーション方略を提示し、意識的に使用するように促すことが、接触場面のコミュニケーション支援として有効であると考えられる。

3 提案②：接触経験の多い母語話者に対する提案

本節では、接触経験も多く、提案①のような方略をすでに学習して使用しているような母語話者に対する提案を述べる。

3.1 情報やり場面

まず、接触経験の多い母語話者に対して、情報やり場面について以下のような方略を提案したい。

方略（6）　「方略（1）文単位での情報提供」「方略（2）躊躇のない理解チェック」の方略を意識的に使用する。
方略（7）　自己発話の修正の方略の精度を高める。

以下、方略（6）、方略（7）についてそれぞれ述べる。

方略（6）「文単位の発話」と「理解チェック」の意識化

まず、「方略（6）「方略（1）文単位での情報提供」「方略（2）躊躇のない理解チェック」の方略を意識的に使用する」について述べる。

情報やり場面の分析結果（第4章）から、接触経験の多い母語話者と少ない母語話者とで、「方略（1）文単位での情報提供」と「方略（2）躊躇のない理解チェック」に関して意識的には差がないことがわかった。接触経験の多い母語話者と少ない母語話者の間で言語行動に明らかに差があるにもかかわらず、意識面に差がないということは、接触経験の多い母語話者にとって、これらの具体的な言語行動の変化と意識が結びついていないということである。

第二言語習得では、「気づき」が学習を促進するとされる。第二言語習得における「気づき」についてDoughty and Williams（1998）は、インプット中の言語形式の気づき、中間言語で「言えないこと」への気づき、目標言語との違いの気づき、があり、第二言語習得を成功させるためには言語形式に選択的に注意の配分をする必要があるとしている。石橋（2000）は、学習者の作文の誤用の自己修正に関して、学習者は誤用に気

づいた箇所については90%近く正しい修正ができていることを明らかにし、気づきの有効性を指摘している。

　接触場面で使われる日本語は共生言語としての日本語であり、母語話者同士で使われる日本語とは異なる体系を持つ（岡崎1994）ものである。そのため、母語話者同士の会話とは異なる調節が求められることがある。接触経験の多い母語話者は、これらの方略を時間をかけて自然習得のような形で学習してきたわけであり、無意識の方略ということもできる。しかし、第二言語習得の場合と同じように、自らの言語形式・言語行動に意識を向けることによって、共生言語としての日本語の学習が、短期間で効率的に促進されることが期待される。よって、接触経験の多い母語話者で、「方略（1）文単位での情報提供」や「方略（2）躊躇のない理解チェック」を行っているような母語話者に対しては、自らの言語行動への気づきを促すようなサポートを行うことを提案したい。

方略（7）　より精度の高い「自己発話の修正」

　次に、「方略（7）自己発話の修正の方略の精度を高める」について述べる。

　自己発話の修正について明らかになったことは、母語話者は接触経験を経て、非母語話者に不理解を表明される前に自発的に言い換えを行うようになるということである。つまり、接触経験によって、非母語話者とのコミュニケーションに積極的に参加しようという態度に変わるのである。

　しかし、第4章において、接触経験の多い母語話者が多用していた自発的発話修正には、新たなミスコミュニケーションを起こす危険性が含まれていることもわかった（〈例7-8〉：〈例4-16〉の再掲）。

　〈例7-8〉では、接触経験の多いnsEAが「吸い取る」という言葉を自発的に言い換えているが、nnsAは不理解を表明し、再度の説明を要求している。＿＿＿は＿＿＿が修正された発話部分である。

　　〈例7-8〉　*nsEA／nnsA*
　　01　　nsEA　　あのーえとー，だえ，つばがでてしまうんで，それを<u>吸い取るようなこう，シューっていう，なんていうんだろ，スス，ストローじゃ</u>

		なくてもっと太くって，こう口の中に入れて唾液を吸い取るような機械
02	nnsA	唾液をすい…
03	nsEA	す，吸い込む？
04	nnsA	あ，吸い込む

*第4章／〈例4-16〉再掲

〈例7-8〉からもわかるように、的確な非母語話者の不理解の予測と非母語話者に合わせた適切な修正が求められるこの方略は、非母語話者の既有の言語知識に関する情報や、言葉をわかりやすく言い換える技術を必要とするものだと言える。

　日本語教師の場合、学習者への教授経験を通して非母語話者の学習段階に応じた適切な語彙や文法の予測や判断をしながら、非母語話者とのコミュニケーションを進行していると思われる。また、自分が直接教えていない学習者に対しても、教授経験で得た知識を応用し、対応していると考えられる。しかし、日本語教育の知識や教授経験がない母語話者にとって、経験や知識を必要とする判断はかなり難易度が高い。

　地域日本語教室を対象とした日本語教科書『にほんごこれだけ！』（庵監修2010）には、非母語話者とのおしゃべりを楽しく続けるためのコツとして、母語話者（主にボランティア日本語教師）に対してアドバイスを行っている。その中には次のような記述がある。

　　難しい漢語じゃなくて、小学生でもわかるような簡単な言葉にしましょう。例えば、「朝食」でわからなかったら、「朝ごはん」と言い換えましょう。
　　　　　　　　　　　　　　　　　　　　　　　　　　　　　(p.89)

　また、同じく、地域ボランティアを対象とした『外国人と対話しよう！日本語ボランティア手帖』（御舘他2010）には次のような記述がある。

　　自分が言おうとしていることばが相手に分かりにくいかなと思ったときや、言ってみて相手が分からなさそうだったときは、次のようなやり方で別のことばに置き換えてみてください。

□よく似た別のことばにする（のんびり≒ゆっくり）
　　　□やわらかい／かたいことばにする（ただ≒無料、あぶない≒危険）
　　　□反対の意味のことばを否定する（まずい≒おいしくない）
　　　□相手の知っていることばを使って表現する（暇≒時間がたくさん
　　　　あります）
　これを続けていると、どんなタイプのことばが相手によりわかりやすいのか、どんなふうに言い換えると伝わりやすいのかというコツがだんだんつかめてくると思います。

　いずれも、接触場面の母語話者を支援するためのアドバイスであり、簡潔で的を射たものであるが、言い換えについてのこれ以上の記述は見られない。しかし、第4章で明らかになったように、ある程度の接触経験を積んだ母語話者であっても、自己発話の修正に対する意識は接触経験による変化が見られず、修正も的確でないものが観察された。ということは、接触経験が多くなってきた段階の母語話者に対しては、特に自己発話の修正について重点的にサポートする必要があるのではないだろうか。
　現在のところ、公的文書の書き換え案や災害時のニュースの言い換え案など、母語話者から非母語話者への一方向的な情報提供における修正には扱われているものの、非母語話者との対面でのコミュニケーションの中での言い換えについては研究が進んでいない。非母語話者との対面でのコミュニケーションにおける言い換えは、ただ一律に言い換え案を提示すればいいというものではなく、お互いのやりとりの中で、その場や相手に合わせた調節が必要になる。
　よって、この方略に関しては、言い換えの種類や方法の提示だけでなく、非母語話者のレベルを判断する材料や相手の不理解を判断したり予測したりする力のトレーニングなど、日本語教育の分野でこれまで培われてきた知識や経験を整理し、簡潔に提示することが必要であり、母語話者と非母語話者のコミュニケーション支援を考える上で、今後、日本語教育の分野が積極的に取り組んでいかなければならない課題であると言える。

3.2　情報とり場面

次に、接触経験の多い母語話者に対して、情報とり場面について以下のような提案をしたい。

方略（8）「方略（5）受け取った情報内容の再確認」を意識的に行う。
方略（9）　非母語話者の発話困難を察知し、正確に援助を行う。

以下、方略（8）、方略（9）についてそれぞれ述べる。

方略（8）「受け取った情報内容の再確認」の意識化

まず、「方略（8）「方略（5）受け取った情報内容の再確認」を意識的に行う」について述べる。

第5章の情報とり場面の分析結果から、接触経験の多い母語話者は受け取った情報の再確認を行っているにもかかわらず、接触経験の多い母語話者と少ない母語話者とで、この方略に関して意識的には差がないことがわかった。

一方で、非母語話者は意識調査の質問8「あなたの言葉をくりかえしたり、まとめたりした」において、接触経験の多い母語話者グループのほうを高く評価していた（表7–10）。つまり、非母語話者は、接触経験の多い母語話者と少ない母語話者の「確認チェック」の使用を明らかに異なるものとしてとらえていたということである。

表7–10　情報とり場面（非母語話者:対接触経験／多・少）：t検定

	接触経験多 平均（標準偏差）	接触経験少 平均（標準偏差）	t値
8.あなたの言葉をくりかえしたり、まとめたりした。	4.4（0.70）	3.1（1.10）	3.15*

ns: not significant,　†$p<.10$, *$p<.05$, **$p<.01$ df=18 n=10
*第5章／表5–20参照

「方略（6）「文単位の発話」と「理解チェック」の意識化」で前述したように、第二言語習得における「気づき」の学習促進効果（Doughty and Williams 1998）は、共生言語としての日本語の学習でも考慮する必要があ

る。よって、接触経験の多い母語話者で、すでに「方略（5）受け取った情報内容の再確認」を行っているような母語話者に対しては、自らの言語行動への気づきを促すようなサポートを行うことを提案したい。

方略（9）より精度の高い「発話援助」

最後に、「方略（9）非母語話者の発話困難を察知し、正確に援助を行う。」について述べる。

非母語話者に対する援助も、「方略（7）より精度の高い自己発話の修正」と同様、日本語教育の経験を持たない母語話者にとってかなり難易度が高いと思われる。なぜなら、日本語教育の経験を持たない母語話者は、非母語話者がどのような語彙やどのような表現に困難を感じるかという予備知識が日本語教育の経験がある者に比べて少なかったり、整理されていないと考えられるからである。

第5章の分析結果から、接触経験の多い母語話者は、非母語話者が発話遂行が困難であることを明示しない場合でも、〈例7-9〉のように、積極的に援助を行っていることが明らかになった（表7-11）。

〈例7-9〉　nsEB／nnsA
01　　nnsA　　まあ自分も…
02　　nsEB　　／ああ，だめだろうっと思って，はい／
03　　nnsA　　／／なんかん，たぶんだめだろう／／と思って，
04　　nsEB　　うん

表7-11　自信のある共同発話（接触経験／多・少）

	接触経験多	接触経験少
自信のある共同発話あり	9人	4人
自信のある共同発話なし	1人	6人

＊第5章／表5-13参照

しかしながら、非母語話者は意識調査の回答は、母語話者の援助発話に対する質問7「あなたが困ったとき、助けた」において両グループに差はなく、両グループの違いを意識していなかったことがわかった（表7-12）。

表7–12　情報とり場面（非母語話者:対接触経験／多・少）：t検定

	接触経験多 平均（標準偏差）	接触経験少 平均（標準偏差）	t値
7.あなたがこまったとき、助けた。	4.6（0.70）	3.9（1.20）	1.60ns

ns: not significant, †p<.10, *p<.05, **p<.01 df=18 n=10
＊第5章／表5–20参照

　このことから、接触経験を経て非母語話者とのコミュニケーションに積極的に参加し、援助しようという態度に変わった母語話者に対しては、次の段階として、お互いのやりとりの中でその場や相手に合わせた調節方法を知り、使用できるようにサポートすることが重要であると考えられる。その点で、この方略に関しても前述の提案「方略（7）より精度の高い自己発話の修正」と同じように、日本語教育においてこれまで培われてきた知識や経験を整理し、簡潔に提示することが求められると言えよう。

4 母語話者に対する日本語での情報やりとり支援に向けた提案

　本章では、ここまでの議論で得られた知見を、日本語教育の経験を持たない母語話者に対して行う非母語話者との日本語での情報やりとり支援に活用するための提案を行い、日本語教育がそのような支援に貢献できる可能性を示した。まとめると図7–3のようになる。

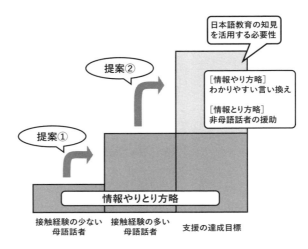

図7-3　母語話者に対する情報やりとり方略の提案

図7-3で示したように、まず、接触経験の少ない母語話者と接触経験が豊富で情報やりとりの方略をすでにある程度学習している母語話者とでは、サポートのあり方を変え、段階を踏む必要がある。まず、接触経験の少ない母語話者に対する提案①では、以下の5つを提示した。

提案①：接触経験の少ない母語話者に対する提案

情報やり場面	方略（1）「文単位」での情報提供 方略（2）躊躇のない「理解チェック」
情報とり場面	方略（3）「あいづち」の意識的な多用 方略（4）「理解表明」と「理解あいづち」の使用による積極的な理解表明 方略（5）受け取った情報内容の再確認

次に、接触経験の多い母語話者に対する提案②では、以下の4つを提示した。

提案②：接触経験の多い母語話者に対する提案

情報やり場面	方略（6）「文単位の発話」と「理解チェック」の意識化 方略（7）より精度の高い「自己発話の修正」
情報とり場面	方略（8）「受け取った情報内容の再確認」の意識化 方略（9）より精度の高い「発話援助」

　日本語教育の分野は、これまで非母語話者の日本語教育に対する取り組みを中心として行ってきた。しかし、これまで日本語教育において培われてきた非母語話者との日本語コミュニケーションに関する知見は、今後の多文化共生社会としての日本にとって、非常に有効なコミュニケーション手段である。今後は、非母語話者に対する日本語教育にとどまらず、非母語話者が実際に生活を営む日本社会の母語話者に働きかけ、非母語話者と母語話者の橋渡しとしての役割を担うことが求められるだろう。そのために、日本語教育の分野は、非母語話者との日本語コミュニケーションに関してこれまで蓄積してきた知見を集約、整理しておく必要がある。

5　本章のまとめ

　本章では、ここまでの議論で得られた知見を活用して、日本語教育の経験を持たない母語話者に対して行う非母語話者との日本語コミュニケーション支援のための提案を行った。そして、日本語教育がそのような支援に貢献できる可能性を示し、日本語教育という分野が今後果たすべき役割について述べた。
　次章では、本研究全体のまとめと今後の課題を述べる。

終章 | 本研究のまとめと今後の展望

本章では、これまでの研究をまとめるとともに、今後の展望について述べる。

1 | 本研究のまとめ

　本研究は、コミュニケーションにおける参加者の言語的調節の一端を解明することを目指したものである。日本社会における実際のコミュニケーションを想定し、日本語教育の経験を持たない母語話者が非母語話者とのコミュニケーションにおいて用いる言語的調節を分析の対象とした。その言語的調節の中でも特に、接触経験によってどのような言語的調節が学習されるかに着目し、コミュニケーションの基本形である情報のやりとりが行われている場面を分析した。
　接触経験によって学習される母語話者の言語的調節の仕組みを明らかにするために、本研究はまず、次の2点を探索的に明らかにした。

接触場面における日本語教育の経験を持たない母語話者について、
　　課題1：情報提供の際の言語的調節に接触経験が影響するか。影響するとすれば、それはどのように表れるか。
　　課題2：情報受け取りの際の言語的調節に接触経験が影響するか。影響するとすれば、それはどのように表れるか。

　そしてこれらの分析を通して、非母語話者とのコミュニケーションにおいて母語話者が接触経験を経てどのような言語的調節を学習するのか、その変容を明らかにした。その上で、非母語話者とのコミュニケー

ションにおける母語話者の情報やりとりの際の言語的調節の学習モデルを構築し、母語話者に対する非母語話者とのコミュニケーション支援のあり方について考察を行った。

　分析にあたり、接触場面における情報やりとりの特徴を明らかにするために、母語話者の発話をカテゴリー化し（第3章）、接触場面における母語話者の情報やり場面の特徴と情報とり場面の特徴を明らかにした。

　そして、設定した発話カテゴリーを分析に用いて課題1と課題2について分析した結果、それぞれ次のようなことが明らかになった。

　まず、課題1について、接触経験の多い母語話者は、（1）情報の切れ目が明確な文単位の発話を多く用いる、（2）理解チェックを用いて、非母語話者に対して躊躇なく理解確認を行う、（3）自己発話の修正の種類に接触経験の少ない母語話者と差はないが、非母語話者からの不理解表明がなくても自発的に発話修正を行う、という3つの情報やり方略を使用していることを明らかにした。しかし、これらの方略を接触経験の多い母語話者が意識して使用していたわけではなかった（第4章）。

　次に、課題2について、接触経験の多い母語話者は、（1）意識的にあいづちを多用する、（2）理解表明と理解あいづちを併用する、（3）正確な情報を得るために繰り返し、情報内容の確認を行う、（4）非母語話者の発話困難を察知して積極的かつ自信のある共同発話を行うという4つの情報とり方略を用いていることを明らかにした。また、（4）に関して、非母語話者の「発話遂行困難表明」に対する母語話者の反応に着目して分析を行った結果、①接触経験の多寡にかかわらず、母語話者は非母語話者の発話遂行困難表明に対してさまざまな反応を示す、②接触経験が多い母語話者は、非母語話者の発話遂行困難の表明が明確でない場合でも、自信を持って共同発話を行う傾向がある、③接触経験が多い母語話者は、非母語話者の「発話遂行困難表明」に対して解決（終結）までに非母語話者の発話遂行困難な状態の打開に向けてさまざまな方略を用いている、ということが明らかになった（第5章）。（1）、（2）、（4）に関して、接触経験の多い母語話者は意識して使用していたが、（3）についてはあまり意識されていなかった。

　以上の分析によって、日本語教育の経験を持たない母語話者が非母語話者とのコミュニケーションにおいて学習する言語的調節の一端を明ら

かにすることができたと考える。

そして、以上の分析をもとに、母語話者の情報やりとり方略の学習モデルを構築した（第6章）。そのモデルとは、以下のようなものである。

情報やりとりにおいて、母語話者は非母語話者に対する言語的調節を接触経験から学習していく。具体的には、やりとりされる情報の理解と確認に関する方略と非母語話者の抱える問題の察知と援助に関する方略である。

まず、やりとりされる情報の理解と確認に関する方略では、与えた情報を受け手である非母語話者が理解しているかどうかの確認、また、受け取った情報を母語話者自身が理解したかどうかの表明と、受け取った情報の理解が正しいかどうかの確認作業が頻繁に行われるようになる。これは、接触場面では情報の「理解」に関わる部分を明示することが情報やりとりにおいて重要であることを母語話者が学習してきた結果であると考えられる。

また、接触経験を経て母語話者は、非母語話者の抱える問題の察知と援助を行うようになる。具体的には情報が正確に伝わるように簡潔な情報提供を行ったり、非母語話者の不理解を予測して自身の発話を言い換えたり、非母語話者の発話の遂行が困難な状態を察知した上で、積極的に援助をするようになるのである。このような方略の使用は、母語話者が接触場面において言語的には優位な者として、非母語話者との言語的ギャップを埋めるようなふるまいの必要性を学習してきた結果であると言えよう。

最後に、母語話者の情報やりとり方略の学習モデルから、接触経験の少ない母語話者と、接触経験が豊富で情報やりとりの方略をすでにある程度学習している母語話者とでは、サポートのあり方を変え、段階を踏む必要があること、接触経験の多い母語話者に対しては、日本語教育の知見を活用していくことが必要であることを示した（第7章）。

2 本研究の意義

日本社会は現在、コミュニケーション上の背景を異にする人々を多く抱える時代になっている。そのような中で、本研究が持つ意義について

以下に述べたい。本研究の意義は、以下の4点に集約される。

2.1 母語話者の情報やりとりにおける言語的調節の実態解明

第一に、非母語話者とのコミュニケーションにおける母語話者の言語的調節の一端を明らかにしたことである。

これまでの研究では、日本語母語話者の言語変種の1つとしてのフォリナー・トークの実態は十分に明らかになっていなかった。具体的には、情報の与え手・受け手としての役割が混在し、どのような場面でどのような方略が使用されているかが不透明であった。また、そもそも接触場面の問題自体が第二言語習得の立場から非母語話者の言語能力向上を目的として語られることが多く、フォリナー・トークそのものの解明が行われてこなかった。

しかし本研究は、接触場面において、問題発生箇所も含め、コミュニケーションの目的が達成されるまでの間に会話全体を通して何が行われているかを分析した。本研究で明らかにした母語話者の情報やりとり方略は、方略を情報の与え手として使ったのか、受け手として使ったのかをある程度明確に分けて示されたものである。このことによって、今後の接触場面における自然会話の分析に情報の与え手・受け手という視点を導入する意味を見いだした。また、日本語教育の経験を持たない母語話者の情報やりとり方略を分析の対象としたことで、日本語を学習する非母語話者が接する日本社会の日本語使用の実態の一端も明らかにすることができた。

非母語話者と母語話者の接触場面といっても、それが含むものは多岐にわたる。本研究は接触場面のうち、正確な情報のやりとりを志向したコミュニケーション場面に着目した点、第二言語習得にとって有効か否かの視点から離れ、接触場面の情報やりとりにおける日本語教育の経験を持たない母語話者の特徴を明らかにした点において、意義を持つと考える。

2.2 母語話者の情報やりとり方略の学習モデルの構築

第二に、日本語教育の経験を持たない母語話者が、接触経験を通じて学習する言語的調節の実態を明らかにしたことである。

本研究が接触場面における母語話者の情報やりとり方略の学習過程を実証的に検証し、母語話者の情報やりとり方略の学習モデルを構築したことは、異言語の話者同士が共生に適した運用を作り出す「共生言語」は固定的なものでなく、接触経験を通じて学習される動的なものであるとする岡崎（1994）の主張を裏づけるものである。そして、今後の接触場面を扱う研究において、接触経験および接触経験による言語的調節の学習が、考慮されるべき大きな意味を持ったものであるということを示したということである。

2.3　日本語教育の新たな方向性

　第三に、日本語教育が非母語話者だけでなく、母語話者にも貢献しうることを示したことである。

　本研究では、日本語教育の経験を持たない母語話者の言語行動や意識について分析する中で、彼らには、意識的にせよ無意識的にせよ、自然に学習可能な方略がある一方で、接触経験を経て意識はするようになるものの、コミュニケーションを成功に導くまでには達しない方略もあることに言及し、そこに日本語教育が貢献できる可能性を示した。

　日本語教育の分野は、それ自体が「接触場面」という性質を常に伴うものであり、「ことば」を扱う分野である。日本語教育においてこれまで培われてきた知見は、接触場面のコミュニケーションにおいて、日本語教育が共生社会実現に貢献できる可能性が非常に大きいことを示している。つまり本研究は、日本語教育がこれまでの非母語話者にとっての第二言語学習という位置づけを超え、母語話者にとっても有益な分野であることを示したもので、日本語教育の新たな方向性を示唆していると言える。

2.4　コミュニケーション研究への示唆

　第四に、コミュニケーション研究への示唆である。

　われわれはコミュニケーションを行う際、あらゆる場面において、常にコミュニケーションの参加者を意識した何らかの調節を行っている（Giles et al 1991）。だが、その調節はどのようなもので、いつ、誰に対して、どのように起こるのか、その構造について明らかになっていないものも

非常に多い。

　本研究は、接触場面における情報やりとりという1つの場面について、「接触経験」という観点から分析を行ってきた。これは、人間がコミュニケーションにおいて行う、何らかの調節の過程を可視化するための作業であったといってよい。

　ふだん、自分がどのようなコミュニケーション方略を使って他者と意志疎通をしているのか、それらは状況や他のコミュニケーションの参加者などの影響でどのように異なるのか、また、経験によって変化してきたのか（していないのか）、を常に意識している人は少ないはずである。なぜなら、それらはあまりに自然にコミュニケーション行動に取り込まれているからである。

　本研究は、ふだんは意識されないようなそれらのコミュニケーション方略を「接触経験」を軸にして可視化を試み、一定の成果を得ることができた。この意味で本研究は、母語話者と非母語話者による情報やりとりという限られたコミュニケーションの研究にとどまらず、あらゆるコミュニケーションにおける参加者の調節の一端を解明したものである位置づけることができる。

3　今後の展望

　本研究は今後、以下のような研究の展開の可能性を持つ。

　まず、接触場面の情報やりとりについてのさらなる実態の解明である。今回の調査は、中級後期から上級レベルの留学生と大学で学ぶ母語話者との会話を対象としたものであった。しかし、母語話者へのコミュニケーション支援を進めるためには、初・中級の非母語話者、留学生以外の非母語話者と母語話者との会話や、大学ではなく、職場や生活圏において日本語でやりとりしている母語話者と非母語話者など、社会的属性や背景の異なる母語話者・非母語話者の接触場面会話における情報やりとりについてもデータを収集し、比較・検討する必要がある。また、本研究で設定した情報やりとりの枠組み（第3章）が自然会話においても適用可能かどうか、検討を行う必要がある。本研究では、今後の研究の基盤とするべく、実験的にデータを収集したが、今後は、情報の与え

手・受け手が可変的な実際の会話においても、枠組みの妥当性を検証していくことで、本研究の有用性を実証することができると考える。

このように、分析の対象を広げ、枠組みの再検討を行うことで、より立体的に接触場面の情報やりとりの実態を描いていくことができるはずである。

次に、母語話者の情報やりとり方略の学習モデルの精緻化である。本研究では、母語話者の情報やりとり方略の学習モデルを接触経験の多いグループと少ないグループという横断的なデータから構築した。本研究では数量的な分析を行うことで、接触場面における母語話者の情報やりとり方略の実態や変容を示す基礎的データが得られた。このモデルを、個別の母語話者の通時的変化のデータと照らし合わせることで、より精緻な学習モデルの構築ができるものと考える。そして、構築された学習モデルは、母語話者に対するコミュニケーション支援の実践に大きな役割を果たすものになるはずである。

また、本研究では、母語話者の情報やりとり方略の学習モデルをもとに、日本語母語話者に対するコミュニケーション支援の提案を行った。この提案は、日本語教育の経験を持たない母語話者に対する非母語話者とのコミュニケーション支援プログラムの開発を可能とする。本研究は、接触場面の情報やりとりという非常に限られた部分についてではあるが、一定のモデルや意義、今後の方向性を示すことができた。よって、本研究の成果を広く活用できるようなプログラムを開発、試行し、口頭コミュニケーションの支援プログラムとして確立させたい。このことは、日本語教育の日本社会における有用性を実証的に示すことになるはずである。

最後に、コミュニケーション上の調節という行為について、本研究および、接触場面研究の位置づけを探っていくことである。障がいを持った方たちとのコミュニケーション、高齢者とのコミュニケーション、年少者とのコミュニケーションなど、非母語話者とのコミュニケーションのように、異なる背景を持つ人々が参加者となるコミュニケーションは多く、それぞれに何らかの調節が必要とされる。本研究の位置づけを考える上で、他のコミュニケーションとの共通点、相違点を探ることは、人間の営みとしてのコミュニケーション上の調節を明らかにしていく上

で非常に重要であると考える。本研究は、その一端を成すものであり、今後のコミュニケーション研究の1つの方向性となりうるものである。

　本研究は、異なる背景を持つ人間同士のコミュニケーションを対象としており、さまざまに展開する可能性を持っている。よって、今後も本研究に関連するデータの拡充とコミュニケーション方略の学習モデルの精緻化、および本研究の知見を社会的に活用していくための実践を進めていきたい。

あとがき

　本研究の出発点は、大学在学中、地域日本語教室のボランティア教師をしていた私に、日系人のAさんが言った「先生の日本語はわかるけど、会社の人の日本語はぜんぜんわからない」という一言です。その言葉をきっかけに、私は接触場面における日本人側の言語的調整に関心を持ちました。「日本語教師は確かに外国人と日本語で話すのがうまい。では、日本語教師と普通の日本人とは何が違うのだろうか」。この疑問が、まずは卒業論文のテーマとなりました。その後、日本語教師でなくても外国人とうまくコミュニケーションができる人がいることに気づき、そこには「接触経験」が深くかかわっているのではないかと思うようになりました。そこで、修士論文では日本語教師を除いたいわゆる普通の日本人を研究の対象とし、本書で分析したデータを収集しました。この研究のきっかけを与えてくれたAさん、本研究のデータ収集に快く応じてくださった25名の研究協力者のみなさまに心よりお礼申し上げます。みなさまがいなければ、私はこの研究を始めることも続けることもできませんでした。

　修士論文執筆後、一旦、区切りをつけたつもりでしたが、数年後このテーマに戻ってきたのは、私にとっては人生の大きなターニングポイントとなりました。この研究を通じて、本当に多くの方々とつながることができたからです。そして、『日本語教育』145号に採録された「非母語話者との接触場面において母語話者の情報やり方略に接触経験が及ぼす影響―母語話者への日本語教育支援を目指して」が幸いにも第6回林大記念論文賞を受賞したことで、研究の方向性に大きく背中を押していただきました。

　現在、「やさしい日本語」に対して、地域の国際交流団体や地方自治体

でさまざまな取り組みがなされています。多文化共生社会にあって、外国人だけでなく、日本人側もお互いの意思疎通を図るために努力すべきであるという考えに基づいたこのような取り組みは、とても意義のあることだと思います。ただ、現在の「やさしい日本語」研究は書き言葉に関するものが中心で、対面のコミュニケーションについては、ほとんど実証的なデータが示せていないのが現状です。SNSをはじめとした多彩なメディアが社会的に大きな役割を担うようになってきましたが、そのような中にあっても、対面のコミュニケーションはやはり重要な役割を果たし続けるのではないかと思います。本書が今後の日本人と外国人のコミュニケーションに関する取り組みの一助となること、そして、この分野の今後の研究の発展に少しでも貢献できることを切に望んでいます。

　本書の元となる博士論文は、筑波大学の砂川有里子先生にご指導いただいて完成したものです。先に述べた卒業論文から修士論文、博士論文まで一貫してご指導をいただきました。修士論文執筆後、一時、研究から離れたこともありましたが、変わらずご指導くださり、博士論文執筆の意思をお伝えした際に「栁田さんがやる気なら面倒見るわよ」と言ってくださったことは決して忘れることができません。先生のご指導がなければ、論文を完成させることなど到底できませんでした。本年は砂川先生のご退職の年です。ご退職に合わせて本書をお渡しできることが、これまでいただいたご恩に少しでも報いることになれば幸いです。

　学位審査にあたっては、小野正樹先生、杉本武先生、一二三朋子先生にも大変お世話になりました。この場を借りてお礼申し上げます。筑波大学在学中よりお世話になった小野先生、杉本先生に多角的な観点からご指導をいただいたことは、大変ありがたく、万感の思いです。一二三先生には、ご著書から本研究の基盤となるさまざまなことを学ばせていただきました。先生に教えていただいた研究の具体的な方法論は、本研究にとって欠かせないものです。そして、本研究の基礎となる「共生言語」の概念を示してくださり、卒業論文、修士論文のご指導をいただいた岡崎敏雄先生にも深く感謝申し上げます。

　また、これまでの勤務先である吉林大学外国語学部日本言文学科、筑波大学留学生センター、横浜国立大学留学生センター、早稲田大学日

本語研究教育センター、関西学院大学日本語教育センター、そして現在の職場である一橋大学国際教育センターのみなさまにもお礼申し上げます。私に日本語教育の実践の場を与えてくださり、研究活動にも多くの刺激をいただきました。数々の職場で素敵な先輩、同僚に恵まれたことは、私の人生にとって何ものにも代えがたい貴重な財産です。

　語彙文法研究会、筑波ディスコース研究会のみなさまにも、折に触れ貴重なご助言、ご指導を賜りました。研究とはどういうものか、右も左もわからない私でしたが、みなさまとの出会いで少しは成長できたのではないかと思っています。特に、庵功雄先生、岩田一成さん、森篤嗣さん、田中祐輔さんには博士論文完成に多大なる後押しをいただきました。

　この場をお借りして、ご指導、ご助言をいただいたすべてのみなさまに心よりお礼申し上げます。

　本書の出版にあたっては、ココ出版の田中哲哉さんに大変お世話になりました。作業が遅い私に最後まで粘り強くお付き合いくださり、執筆に際しては貴重なコメントをいただきました。感謝申し上げます。

　最後に、鹿児島からつくばへ、つくばから中国へと遠く遠くへ離れて行ったときも、日本に戻って各地を転々としていたときも、常に温かく見守ってくれた家族に心より深く感謝します。

2015年2月

栁田直美

付記

本論文は、栁田直美（2013）『接触場面における母語話者のコミュニケーション方略研究―情報やりとり方略の学習に着目して』（筑波大学人文社会科学研究科博士学位論文）に加筆・修正を加えたものである。博士論文は以下の初出論文をもとに執筆した。

第1章
栁田直美（2013）「接触場面における母語話者のコミュニケーション方略に関する研究の動向と課題」『関西学院大学日本語教育センター紀要』2, 21–35. 関西学院大学日本語教育センター

第3章
栁田直美（2009）「接触場面における母語話者の情報やりとりの特徴の記述―情報やりとりの発話カテゴリーの設定に向けて」『筑波大学留学生センター日本語教育論集』24, 51–68. 筑波大学留学生センター

第4章
栁田直美（2010）「非母語話者との接触場面において母語話者の情報やり方略に接触経験が及ぼす影響―母語話者への日本語教育支援を目指して」『日本語教育』145, 13–24. 日本語教育学会

第5章
栁田直美（2011）「日本語教育経験のない母語話者の情報とり方略に非母語話者との接触経験が及ぼす影響」『日本語／日本語教育研究』2,

51–66. ココ出版

第7章
栁田直美（2013）「「やさしい日本語」と接触場面」庵功雄・イ・ヨンス
　　ク・森篤嗣編『「やさしい日本語」は何を目指すか』79–95. ココ出
　　版

なお、本研究は以下の助成を受けて行われた。

■平成24–25年度文部科学省科学研究費（研究活動スタート支援 課題番号
24820069）「日本人と外国人の情報やりとり支援のためのプログラム開
発」（研究代表者：栁田直美）
■平成25–28年度文部科学省科学研究費（基盤研究（A）課題番号25244022）
「やさしい日本語を用いた言語的少数者に対する言語保障の枠組み策定
のための総合的研究」（研究代表者：庵功雄）

　また、本書の出版にあたり、日本学術振興会の平成26年度科学研究補
助金（研究成果促進費・学術図書、課題番号265061）を得た。

参考文献

庵功雄監修（2010）『にほんごこれだけ！』ココ出版

庵功雄他（2011）『「やさしい日本語を用いたユニバーサルコミュニケーション社会実現のための総合的研究」（中間報告）「やさしい日本語」研究の展開』

石橋玲子（2000）「日本語学習者の作文におけるモニター能力―産出作文の自己訂正から」『日本語教育』106, 56–65. 日本語教育学会

伊集院郁子（2004）「母語話者による場面に応じたスピーチスタイルの使い分け―母語場面と接触場面の相違」『社会言語科学』6(2), 12–26. 社会言語科学会

宇佐美まゆみ（1997）「基本的な文字化の原則（BTSJ）の開発について」『日本人の談話行動のスクリプト・ストラテジーの研究とマルチメディア教材の試作』文部科学研究費基盤研究（C）研究成果報告書

宇佐美まゆみ（2001）「会話における「協調的行動」―ポライトネスの観点から」『日本語教育学会秋季大会予稿集』pp.163–168. 日本語教育学会

浦光博・桑原尚史・西田公昭（1986）「対人的相互作用における会話の質的分析」『実験社会心理学研究』26, 35–45. 日本グループ・ダイナミックス学会

大石初太郎（1971）『話しことば論』秀英出版

大槻茂実（2006）「外国人接触と外国人意識」大阪商業大学比較地域研究所・東京大学社会科学研究所編『研究論文集［5］JGSSで見た日本人の意識と行動』pp.149–159.

大場美和子（2012）『接触場面における三者会話の研究』ひつじ書房

大平未央子（1999）「接触場面の質問―応答連鎖における日本語母語話者の「言い直し」」『大阪大学留学生センター研究論集 多文化社会と留学生交流』3, 67–85. 大阪大学留学生センター

大平未央子（2000）「日本語の母語話者と非母語話者のインターアクションにおける相互理解の構築―関連性理論の観点から」『日本語教育』105, 71–80. 日本語教育学会

岡崎敏雄（1994）「コミュニティにおける言語的共生化の一環としての日本語の国際化―日本人と外国人の日本語」『日本語学』13(12), 60–73. 明治書院

岡崎敏雄（2003）「共生言語の形成―接触場面固有の言語形成」宮崎里司・ヘレン・マリオット（共編）『接触場面と日本語教育―ネウストプニーのインパクト』pp.23–44. 明治書院

荻原稚佳子（1996）「日本語学習者のコミュニケーション・ストラテジー使用の縦断的研究」『講座日本語教育』31, 74–92. 早稲田

大学語学教育研究所

尾崎明人（1993）「接触場面の訂正ストラテジー―「聞き返し」の発話交換をめぐって」『日本語教育』81, 19-30. 日本語教育学会

尾崎明人（1996）「会話教育のシラバス再考―会話の展開と問題処理の技術を中心として」『名古屋大学日本語・日本文化論集』4, 119-135. 名古屋大学日本語教育センター

尾崎明人（1999）「フォリナー・トークの功罪」『言語』28(4), 68-69. 大修館書店

オストハイダ, テーヤ（1999）「対外国人行動と言語外的条件の相互関係」『日本学報』18, 89-104. 大阪大学文学部

御舘久里恵（1998）「日本語母語話者の接触場面におけるフォリナー・トークの諸相―非言語行動を含めた談話過程の観察から」『日本学報』17, 111-123. 大阪大学文学部日本学研究室

御舘久里恵・仙田武司・中河和子・吉田聖子・米勢治子（2010）『外国人と対話しよう！ にほんごボランティア手帖』凡人社

加藤好崇（2010）『異文化接触場面のインターアクション―日本語母語話者と日本語非母語話者のインターアクション規範』東海大学出版会

許挺傑（2010）「日本語学習者の発話ストラテジーについての一考察―第二言語習得環境にいる中上級学習者の縦断的データを用いて」『筑波応用言語学研究』17, 111-124. 筑波大学人文社会科学研究科

串田秀也（2006）『相互行為秩序と会話分析―「話し手」と「共-成員性」をめぐる参加の組織化』世界思想社

熊井浩子（2007）「接触場面におけるNSとNNSの協働過程に関する考察―多文化共生社会の実現に向けて」『静岡大学国際交流センター紀要』1, 31-46. 静岡大学国際交流センター

熊谷智子・木谷直之（2005）「三者面接調査における雑談的行動―回答者同士の相互作用に着目して」『社会言語科学会第16回研究大会発表論文集』pp.62-65. 社会言語科学会

熊谷智子・木谷直之（2010）『三者面接調査におけるコミュニケーション―相互行為と参加の仕組み』くろしお出版

小磯花絵（2008）「音声談話における発話の終了性を備えた単位に関する一考察」串田秀也・定延利之・伝康晴（編）『「単位」としての文と発話』pp.95-131. ひつじ書房

小宮千鶴子（1986）「相づち使用の実態―出現傾向とその周辺」『語学教育研究論叢』3, 43-62. 大東文化大学

坂本正・小塚操・架谷眞知子・児崎秋江・稲葉みどり・原田知恵子（1989）「「日本語のフォリナー・トーク」に対する日本語学習者

の反応」『日本語教育』69, 121-146. 日本語教育学会
佐々木由美（1996）「日本人大学生の異文化間コミュニケーションスタイル―アメリカ人・中国人との日本語会話における「情報要求」発話分析」『言語文化と日本語教育』11, 37-47. お茶の水女子大学日本言語文化学研究会
佐々木由美（1998）「初対面の状況における日本人の「情報要求」の発話―同文化内および異文化間コミュニケーションの場面」『異文化間教育』12, 110-127. 異文化間教育学会
佐々木由美（2006）『異文化間コミュニケーションにおける相互作用管理方略』風間書房
ザトラウスキー，ポリー（1993）『日本語の談話の構造分析―勧誘のストラテジーの考察』くろしお出版
柴田実（1999）「やさしい日本語は報道メディアの現場で実際に使えるか」『言語』28(8), 53-55. 大修館書店
志村明彦（1989）「日本語の Foreigner Talk と日本語教育」『日本語教育』68, 204-215. 日本語教育学会
スクータリデス，アリーナ（1981）「日本語におけるフォリナー・トーク」『日本語教育』45, 53-62. 日本語教育学会
砂川有里子（2005）『文法と談話の接点―日本語の談話における主題展開機能の研究』くろしお出版
大坊郁夫・磯友輝子（2009）「対人コミュニケーション研究への科学的アプローチ」大坊郁夫・永瀬治郎（編）『講座社会言語科学3 関係とコミュニケーション』pp.2-35. ひつじ書房
筒井千絵（2008）「フォリナー・トークの実際―非母語話者との接触度による言語調整ストラテジーの相違」『一橋大学留学生センター紀要』11, 79-95. 一橋大学留学生センター
徳永あかね（2003）「日本語のフォリナー・トーク研究―その来歴と課題」『第二言語習得・教育の研究最前線』162-175. お茶の水女子大学日本言語文化学研究会
徳永あかね（2009）「多文化共生社会で期待される母語話者の日本語運用力―研究の動向と今後の課題について」『神田外語大学紀要』21, 111-129. 神田外語大学
永山友子（1997）「日本語母語話者と日本語非母語話者の会話における日本語非母語話者へのフィードバック―会話における repair の相互作用をめぐって」『筑波応用言語学研究』4, 41-54. 筑波大学人文社会科学研究科
西原鈴子（1999）「日本語非母語話者とのコミュニケーション―日本語教師の話はなぜ通じるのか」『日本語学』18(6), 62-69. 明治書院

ネウストプニー, J.V.（1981）「外国人場面の研究と日本語教育」『日本語教育』45, 30–40. 日本語教育学会
ネウストプニー, J.V.（1995）『新しい日本語教育のために』大修館書店
ネウストプニー, J.V.（1999）「コミュニケーションとは何か」『日本語学』18(6), 4–16. 明治書院
ネウストプニー, J.V.（2004）「言語管理理論の歴史的位置―アップデート」『接触場面の言語管理研究』3, 1–7. 言語管理研究会
ノルシス, マリア（著）山本嘉一郎・森際孝司・藤本和子（訳）（1994）『SPSSによる統計学入門　The SPSS GUIDE to DATA ANALYSIS』東洋経済新報社
橋内武（1999）『ディスコース―談話の織り成す世界』くろしお出版
林宅男（2008）『談話分析のアプローチ』研究社
一二三朋子（1995）「母国語話者と非母国語話者との会話における母国語話者の意識的配慮の検討」『教育心理学研究』43(3), 277–286. 日本教育心理学会
一二三朋子（1999）「非母語話者との会話における母語話者の言語面と意識面との特徴および両者の関連―日本語ボランティア教師の場合」『教育心理学研究』47, 490–500. 日本教育心理学会
一二三朋子（2002）『接触場面における共生的学習の可能性―意識面と発話内容面からの考察』風間書房
弘前大学人文学部社会言語学研究室（2006）『「やさしい日本語」の有効性と安全性検証実験解説書みんなで減災2005 inひろさき～災害情報を「やさしい日本語」で～』
http://human.cc.hirosaki-u.ac.jp/kokugo/kaisetsusyohtml/ kai-mokuji.html（2015年1月31日）
ファン, S.K.（2003）「日本語の外来性（foreignness）―第三者言語接触場面における参加者の日本語規範及び規範の管理から」宮崎里司・ヘレン・マリオット（共編）『接触場面と日本語教育―ネウストプニーのインパクト』pp.3-22. 明治書院
ファン, S.K.（2006）「接触場面のタイポロジーと接触場面研究の課題」国立国語研究所（編）『日本語教育の新たな文脈―学習環境、接触場面、コミュニケーションの多様性』pp.120-141. アルク
福間康子（2001）「初級学習者との接触場面における母語話者の言語行動―あいづちの効用と問題点」『九州大学留学生センター紀要』12, 55–64. 九州大学留学生センター
藤井聖子（2000）「在日日系ブラジル人と日本人との接触場面の一分析―コミュニケーション・ストラテジー再考」『日本語と外国語の対照研究Ⅶ日本語とポルトガル語（2）―ブラジル人と日本人

との接触場面』pp.151-192. 国立国語研究所
文化庁（2010）「「生活者としての外国人」に対する日本語教育の標準的なカリキュラム案について」
http://www.bunka.go.jp/kokugo_nihongo/kyouiku/nihongo_curriculum/pdf/curriculum_ver07.pdf（2012年8月24日）
方穎琳（2010）「接触場面における中国人日本語学習者のコミュニケーション・ストラテジーの使用―意味伝達問題を解決するための達成ストラテジーを中心に」『言語文化と日本語教育』39, 122-131. お茶の水女子大学日本言語文化学研究会
法務省（2014）『法務省白書平成26年版「出入国管理」日本語版』
http://www.moj.go.jp/nyuukokukanri/kouhou/nyuukokukanri06_00054.html（2015年1月31日）
堀口純子（1988）「コミュニケーションにおける聞き手の言語行動」『日本語教育』64, 13-26. 日本語教育学会
堀口純子（1997）『日本語教育と会話分析』くろしお出版
増井展子（2003）『非母語話者との接触経験によって日本語母語話者のインターアクション的調整に生じる変化―共生言語学習の視点から』筑波大学地域研究研究科修士論文
増井展子（2005）「接触経験によって日本語母語話者の修復的調整に生じる変化―共生言語学習の視点から」『筑波大学地域研究』25, 1-18. 筑波大学地域研究研究科
町田延代（1997）「言語における日本語のフォリナー・トーク・ディスコースの違い―日本語非母語話者の言語能力と交渉」『第二言語としての日本語の習得研究』1, 83-99. 第二言語習得研究会
松田陽子・前田理佳子・佐藤和之（2000）「災害時の外国人に対する情報提供のための日本語表現とその有効性に関する試論」『日本語科学』7, 145-159. 国立国語研究所
丸山岳彦・高梨克也・内本清貴（2006）「節単位情報」『日本語話し言葉コーパスの構築法』（国立国語研究所報告124）pp.255-322. 国立国語研究所
三宅知宏（1996）「日本語の確認要求的表現の諸相」『日本語教育』89, 111-122. 日本語教育学会
宮崎里司（2005）「日本語教科書の会話ディスコースと明示的（explicit）、暗示的（implicit）な調整行動―教科書談話から学べること・学べないこと」『早稲田大学日本語教育研究』7, 1-26. 早稲田大学日本語教育研究科
宮副ウォン裕子（2003）「多言語職場の同僚たちは何を伝え合ったか―仕事関連外話題における会話上の交渉」宮崎里司・ヘレン・マリオット（共編）『接触場面と日本語教育―ネウストプニーのイ

ンパクト』165–184. 明治書院

村岡英裕（1999）『日本語教師の方法論』凡人社

村上かおり（1997）「日本語母語話者の「意味交渉」に非母語話者との接触経験が及ぼす影響—母語話者と非母語話者とのインターアクションにおいて」『世界の日本語教育』7, 137–155. 国際交流基金

メイナード，泉子・K（1997）『談話分析の可能性—理論・方法・日本語の表現性』くろしお出版

森純子（2004）「第二言語習得研究における会話分析—Conversation Analysis（CA）の基本原則、可能性、限界の考察」『第二言語としての日本語の習得研究』7, 186–213. 第二言語習得研究会

森敏昭・吉田寿夫（編）（1990）『心理学のためのデータ解析テクニカルブック』北大路書房

森本郁代（2001）「社会的相互行為とその中での学習」『言語・音声理解と対話処理研究会』33, 15–20. 言語・音声理解と対話処理研究会

森本郁代・金城由美子・柏岡秀紀（2004）「発話連鎖からみた情報要求発話の機能」『電子情報通信学会技術研究報告 HCS、ヒューマンコミュニケーション基礎』104(445), 1–6. 電子情報通信学会

守屋貴司（2012）「日本企業の留学生などの外国人採用への一考察」『日本労働研究雑誌』623, 29–36. 独立行政法人労働政策研究・研修機構

栁田直美（2002）『日本語母語話者の会話支援ストラテジー—非母語話者との接触経験が及ぼす影響』筑波大学第二学群日本語・日本文化学類卒業論文

吉田研作（1991）「外国語学習とモニター利用」『日本語教育』73, 33–43. 日本語教育学会

ロメイン，スザーン（著）土田滋・高橋留美（訳）（1997）『社会のなかの言語』三省堂

ロング，ダニエル（1992）「日本語によるコミュニケーション—日本語におけるフォリナー・トークを中心に」『日本語学』11, 24–32. 明治書院

Allport, G. W. (1954). *The Nature of Prejudice.*（原谷達夫・野村昭訳（1968）『偏見の心理』培風館）

Brown, G., and Yule, G. (1983). *Discourse analysis.* Cambridge University Press.

Chaudron, C. (1988). *Second language Classrooms*. Cambridge University Press.

Doughty, C., and Williams, J. (1998). Pedagogical choices in focus on form. In Doughty, C., and Williams, J. (Eds.), *Focus on form in classroom second language acquisition* (pp.197−261). Cambridge University Press.

Ellis, R. (1985). *Understanding Second Language Acquisition*. Oxford University Press.

Ellis, R. (1994). *The Study of Second Language Acquisition*. Oxford University Press.

Færch, C., and Kasper, G. (1983). Plans and strategies in foreign language communication. In Færch, C., and Kasper, G. (Eds.), *Strategies in Interlanguage Communication*. Longman.

Ferguson, C. (1981). 'Foreigner Talk' as the name of a simplified Register. *International Journal of the Sociology of Language, 28,* 9–18.

Gass, S. (1988). Integrating research areas: a framework for second language studies. *Applied Linguistics, 9*(2), 198−217

Giles, H., Coupland, N., and Coupland, J. (Eds.) (1991). *Contexts of Accommodation: Developments in Applied Sociolinguistics*. Cambridge University Press.

Krashen, S. (1982). *Principles and Practice in Second Language Acquisition.* Pergamon Press.

Krashen, S. (1985). *The Input Hypothesis: Issues and Implications.* Longman.

Labov, W. (1972). *Language in the Inner City: Studies in the Black English Vernacular*. University of Pennsylvania Press.

Larsen-Freeman, D., and Long, M. (1991). *An Introduction to Second Language Acquisition Research*. Longman.

Long, M. H. (1981). Input, interaction and second language acquisition. In Winitz, H. (Ed.), *Annals New York Academy of Sciences, 379,* 259−278.

Long, M. H. (1983a). Native Speaker/Non-native Speaker Conversation and the Negotiation of Comprehensible Input. *Applied Linguistics, 4*(2), 126−141.

Long, M. H. (1983b). Linguistic and conversational adjustments to non-native speakers. *Studies in Second Language Acquisition, 5*(2), 177−193.

Morrison, D., and Low, G. (1983). Monitoring and the second language learner. In Richards, J. C., and Schmidt, R. W. (Eds.), *Language and Communication*. Longman.

Oxford, L. (1990). *Language Learning Strategies: What Every Teacher Should Know*. Newbury House.（宍戸通庸・伴紀子訳（1994）『言語学習ストラテジー外国語教師が知っておかなければならないこと』凡

人社)

Pica, T., Holliday, L., Lewis, N., and Morgenthaler, L. (1989). Comprehensible output as an outcome of linguistic demands on the learner. *Studies in Second Language Acquisition, 11*, 63–90.

Scarcella, R., and Higa, C. (1981). Input, negotiation, and age differences in second language acquisition. *Language Learning, 31*(2), 409–434.

Sinclair, J. McH., and Brazil, D. (1982). *Teacher Talk*. Oxford University Press.

Tarone, E. (1980). Communication strategies, foreigner talk and repair in interlanguage. *Language Learning, 30*, 417–431.

Tarone, E., Cohen, A., and Dumas, G. (1983). A closer look at some interlanguage terminology: a framework for communication strategies. In Færch, C., and Kasper, G. (Eds.), *Strategies in Interlanguage Communication*. Longman.

Varonis, E., and Gass, S. (1985). Non-native/Non-native conversations: A Model for Negotiation of Meaning. *Applied Linguistics, 6*(1), 71–90.

Zuengler, J. (1991). Accommodation in native-nonnative interactions: Going beyond the "what" to the "why" in second-language research. In Giles, H., Coupland, N., and Coupland, J. (Eds.), *Contexts of Accommodation: Developments in Applied Sociolinguistics* (pp.223–244). Cambridge University Press.

索引

[A]
Accommodation Theory……10

[M]
m……107, 111
M……107, 111, 140

[N]
nns……40
NNS……39
ns……40
NS……39
NS-E……35, 39
NS-N……37, 39

[V]
variability 理論……106

[あ]
あいづち……69, 115, 116, 119, 120

[い]
意味交渉……16, 26, 63, 70–72, 74, 85
インフォメーションギャップ……31
インフォメーションギャップタスク……40, 41

[か]
外国人……3
会話分析……50, 51
確認チェック……64, 73, 116, 122

[き]
聞き手……29, 30
気づき……179, 180, 183, 184
強境界……93, 94
共生言語……21, 22–26, 158
共同発話……64, 73, 116, 124
共有表明……69–71, 74, 85

[け]
言語管理理論……20, 23
言語的調節……3–5, 148, 153, 156
言語内共生化……21

[こ]
コミュニケーション……4
コミュニケーション支援……55, 161, 182
コミュニケーション・ストラテジー……10–13, 17, 18
コミュニケーション方略……18, 27, 28, 45

[し]
自己発話の修正……66, 73, 96, 98, 99
自己モニター……108, 136
自信のある共同発話……129, 130
自発的発話修正……100–102
承認……65, 73, 77
情報受け取り……5
情報共有……40

情報単位の確認チェック……123, 124
情報提供……5, 63, 70, 71, 74, 77, 85, 87, 93
情報とり場面……45, 46, 71–74, 80, 82, 85
情報とり方略……45, 115, 117
情報の与え手……30, 31, 44, 45
情報の受け手……30, 31, 44, 45
情報の共有……62, 71, 74, 85
情報の再構成の程度……97–99, 101
情報やりとり……4, 29, 40, 45
情報やりとり方略……45
情報やりとり方略の学習モデル……55, 156
情報やり場面……45, 46, 71–74, 77, 82, 85
情報やり方略……45, 87, 88
情報要求……63, 70, 71, 74, 85, 115

[す]
ストラテジー……13, 16

[せ]
接触仮説……25

[そ]
接触経験……14, 25–27, 34, 49
接触経験の多い母語話者……34, 35
接触経験の少ない母語話者……34, 37
接触場面……3, 9

[た]
他者モニター……109, 110, 140
談話分析……51

[ち]
調節……1

[て]
ティーチャー・トーク……27, 28
訂正……64, 73

[に]
日本語教育の経験を持たない母語話者……4, 5, 30, 34, 143
日本語教育の経験を持つ母語話者……34
日本人……3

[は]
発話カテゴリー……53, 59–61, 70–72, 74, 81, 85
発話遂行困難表明……68, 73, 124–128, 131
話し手……29, 30
反応要求……67, 73

[ひ]	否認……66, 73, 77
	非母語話者……3, 39
	非母語話者に対する援助……73, 74, 85
	非母語話者に対する理解確認……74, 85
	非母語話者のための理解促進……73, 74, 85
	非母語話者の理解チェック……73
[ふ]	フォリナー・トーク……3, 10, 12-14, 17-19, 23, 27-29
	文単位……93, 94
[ほ]	母語場面……9
	母語話者……3, 39
	母語話者自身の理解促進……73, 74, 85
	母語話者の情報やりとり方略の学習モデル……143, 154
[め]	明確化要求……65, 73, 116
[も]	モニター……106, 107, 109
[や]	やさしい日本語……22-24
[よ]	要求後発話修正……100-102
[り]	理解あいづち……120, 121
	理解チェック……66, 73, 87, 95
	理解表明……69, 115, 120, 121

[著者]　柳田直美（やなぎだ なおみ）
筑波大学大学院修士課程地域研究研究科修了。博士（言語学）。吉林大学（中国）外国語学部日本言語文学科外国人専門家、国内の複数の大学の留学生センター等にて非常勤講師を務めたのち、早稲田大学日本語研究教育センターインストラクター（任期付）、関西学院大学日本語教育センター常勤講師を経て2013年より一橋大学国際教育センター専任講師。主要論文に「非母語話者との接触場面において母語話者の情報やり方略に接触経験が及ぼす影響―母語話者への日本語教育支援を目指して」（『日本語教育』145号, pp.49–60.　第6回林大記念論文賞受賞）、「日本語教育経験のない母語話者の情報とり方略に非母語話者との接触経験が及ぼす影響」（『日本語／日本語教育研究』2号, pp.51–66.　ココ出版）などがある。

本書は、平成26年度科学研究費補助金
（研究成果公開促進費）の助成を受けている。

日本語教育学の新潮流 12

接触場面における母語話者の
コミュニケーション方略
情報やりとり方略の学習に着目して

2015年2月28日　初版第1刷発行

著者……………………栁田直美
発行者…………………吉峰晃一朗・田中哲哉
発行所…………………株式会社ココ出版
　　　　　　　　　　　〒162-0828
　　　　　　　　　　　東京都新宿区袋町25-30-107
　　　　　　　　　　　電話　03-3269-5438
　　　　　　　　　　　ファックス　03-3269-5438
装丁・組版設計………長田年伸
印刷・製本……………モリモト印刷株式会社

ISBN 978-4-904595-58-9